———————————— 님의 소중한 미래를 위해
이 책을 드립니다.

매일 20분
엄마와 함께하는
책 읽기의 힘

엄마와 함께하는 독서가 아이의 미래를 바꾼다

매일 20분 엄마와 함께하는 책 읽기의 힘

이미은 지음

메이트북스

메이트북스 우리는 책이 독자를 위한 것임을 잊지 않는다.
우리는 독자의 꿈을 사랑하고,
그 꿈이 실현될 수 있는 도구를 세상에 내놓는다.

매일 20분 엄마와 함께하는 책 읽기의 힘

초판 1쇄 발행 2021년 5월 24일 | **지은이** 이미은
펴낸곳 ㈜원앤원콘텐츠그룹 | **펴낸이** 강현규 · 정영훈
책임편집 유지윤 | **편집** 안정연 · 오희라 | **디자인** 최정아
마케팅 김형진 · 이강희 · 차승환 | **경영지원** 최향숙 · 이혜지 | **홍보** 이선미 · 정채훈
등록번호 제301-2006-001호 | **등록일자** 2013년 5월 24일
주소 04607 서울시 중구 다산로 139 랜더스빌딩 5층 | **전화** (02)2234-7117
팩스 (02)2234-1086 | **홈페이지** blog.naver.com/1n1media | **이메일** khg0109@hanmail.net
값 16,000원 | **ISBN** 979-11-6002-332-9 03370

책이야말로 한 사람이 꿈을 달성하고
더 큰 세계로 가는 패스포트다.

• 힐리스 밀러(미국의 유명한 문학비평가) •

책을 품은 아이의 미래는 밝다

아이들은 저마다의 방식대로 책을 품는다. 한 권의 책이 있어도, 수많은 책이 있어도 아이는 자기만의 감동을 가슴에 담을 줄 안다. 아이가 품은 책은 아이를 숨 쉬게 하고, 빛나게 한다.

"오, 복어 멋지네!"
"거짓말…, 복어처럼 안 보이잖아!"
"복어가 공격받아서 화난 표정으로 그린 것 같은데!"

동생이 미술시간 숙제로 복어를 그렸다. 그런데 복어의 볼록한 배는 여느 물고기처럼 완만한 곡선이고 눈알 위에 눈썹을 잘 못

그려 복어가 복어 같지 않다. 동생은 자신의 그림에 실망해서 울고 싶다.

이때 오빠가 동생의 마음을 읽고 공감해주었다. 복어가 공격을 받아서 화가 난 눈썹 아니냐며, 특징을 잘 살려 그렸다고 칭찬까지 했다. 오빠의 위로에 마음이 풀린 동생은 새로운 종이를 가져와 복어를 다시 멋지게 그려냈다.

피터 레이놀즈의 《점》을 읽었던 초등 5학년 오빠 윤이는 공감받아야 할 때와 위로해야 할 때가 언제인지 안다. 단순히 공감하고 격려하는 말만이 아니라 상대가 지금 어떤 상황인지, 무엇이 필요한지 정확히 느낄 줄 안다. 윤이는 《점》을 읽으며 품었던 자신의 감동으로 동생에게 자신감을 심어주었다.

아이들은 각자의 방식대로 책을 읽고, 자신의 상황에 맞는 메시지를 가슴에 품는다. 자신과 닮은 인물을 보며 꽁꽁 숨겨두었던 속마음을 풀어놓기도 하고, 때로는 기발하고 즐거운 상상으로 자기만의 세계에 빠지기도 한다. 책을 읽으면서 웃기도 하고 아파도 하면서 아이들은 자기만의 의미를 담는다. 아이들은 책과 현실 사이를 넘나들면서 교감하고, 자기의 마음창고에 차곡차곡 감동을 쌓는다.

초등 1학년 때 윤이는 《점》의 주인공 베티보다 더 소심한 성격이던 때가 있었다. 예전의 윤이는 의욕마저 잃어 가끔 친구들에게 놀림이라도 받으면 '나는 바보인가 봐…'라며 더 위축되어 학교에 가기 싫은 날도 많았다. 친구들의 눈치를 보며 하고 싶은 말이 있어도 감추고 스스로 자신을 외면하던 시절이 있었다.

하지만 지금 윤이는 몸도, 마음도 튼튼한 아이다. 윤이는 책을 읽으며 자기회복의 힘을 키웠기 때문이다.

"우리 지우가 요즘 표정이 밝아졌어요. 책을 읽으며 알았어요. 그냥 속이 깊은 아이라고만 생각했는데 속으로 끙끙 앓고 있더라고요. 토닥여주니까 금방 웃고 다녀요."

"요즘 수연이는 휴대폰을 손에서 내려놓는 시간이 많아요. 공부도 챙겨서 하니까 신기할 정도예요."

"승준이가 싸웠을 때 자기들끼리 서로 편들어주고, '괜찮다'고 위로하는 마음이 기특해요."

윤이의 다섯 친구 엄마들의 말이다. 윤이에게 책을 읽어줄 때 친구들도 함께했었다. 황선미 작가가 아들이 친구를 사귀었으면 하는 바람으로 동화《초대받은 아이들》을 썼던 것처럼 나 또한 간절한 마음으로 여섯 아이들과 책 읽기를 선택했다. 다행히 책은 여섯 아이들을 서로 연결시켜주었다.

투닥투닥 싸울 때도 있었지만 그럴 때는《싸워도 우리는 친구》《장루이와 68일》을 읽고, 공부하기 싫을 때는《수일이와 수일이》,

시험을 망쳤을 때는《푸른 사자 와니니》, 외로울 때는《돌 씹어 먹는 아이》《행복한 허수아비》등을 읽으며 아이들 마음에 공감했다. 미국의 유명한 문학 비평가 힐리스 밀러가 "책이야말로 한 사람이 꿈을 달성하고 더 큰 세계로 가는 패스포트다"라고 말한 것처럼 책을 읽는 과정에서 아이들은 각자의 메시지를 가슴에 품었고, 자신을 더 생생하게 살아 있게 했다.

우리의 5년은 기적과 같다. 아이들과 처음 책 읽기를 시작했을 때 과연 이런 날이 올까 의심도 했었지만 이제는 분명히 말할 수 있다. 아이들에게 책은 심리상담, 학원, 놀이 등 모든 역할을 대신해준다고.

아이들은 누구나 책만 곁에 있으면 스스로 자신의 가치를 담는다. 그저 엄마가 아이 상황과 비슷한 책을 슬며시 권하기만 하면된다. 아이가 읽을 책이 아이의 숨결이 되어 내면과 외면을 튼튼하게 만들어줄 것이기 때문이다.

만약 아이가 반짝반짝 빛나는 가치를 담기 바란다면, 아이와부모가 함께 책을 읽기만 하면 된다. 할 어반의 책《긍정적인 말의힘》속에 나오는 스트릭클랜드 질리언의 말처럼, 엄마와 함께하는책 읽기 시간은 아이에게 세상 무엇과도 바꿀 수 없는 값진 행복이다.

'당신은 보석상자와 금궤, 헤아릴 수 없이 많은 재산을 가졌습니다.

하지만 당신은 절대 저보다 부자일 수 없어요.

저에게는 책을 읽어주시는 어머니가 계시니까요.'

어쩌면 훗날 내 아이가 엄마인 우리에게 할 말인지도 모른다. "엄마, 나에게 책을 선물해줘서 고마워!"

책 읽기는 밤하늘의 별처럼 아이 한 명 한 명을 각자의 존재로 빛나게 한다. 이 책이 책을 품고 싶은 아이에게도, 책을 읽어주는 부모님께도 좋은 길잡이가 되길 바란다. 아이가 뿜어내는 행복한 변화에 함께 젖을 수 있을 것이다.

이 책을 펴내며 나 또한 다짐한다. 언제나 아이들과 함께할 것을. 그동안 나에게 선생님이라 불러준 귀한 아이들, 5년간 함께 해준 우리 여섯둥이와 나의 딸 그리고 나를 믿고 행복한 성장에 동참해준 엄마들께 감사의 마음을 전한다.

책 읽어주는 엄마, 이미은

차례

매일 20분
책 읽어주기의 기적

매일 20분 책 읽기로
아이의 자존감을 키울 수 있다

3장
매일 20분 책 읽기로
아이의 인성을 키울 수 있다

4장
매일 20분 책 읽기로
아이의 사회성을 높일 수 있다

5장
매일 20분 책 읽기로
아이의 공부습관을 만들 수 있다

6장
매일 20분 책 읽기로
아이의 감정을 코칭할 수 있다

7장

매일 20분 책 읽기로
아이와 부모의 관계를 회복할 수 있다

8장

매일 20분 그림책 읽기로
부모도 행복할 수 있다

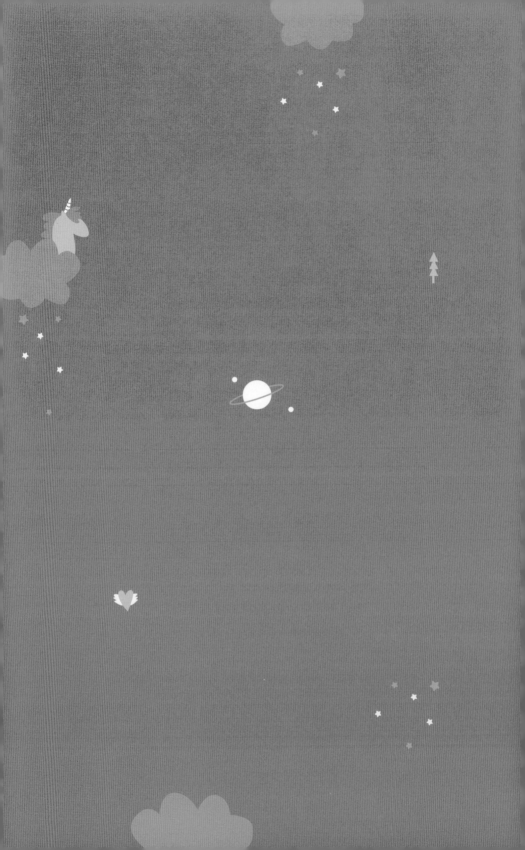

매일 20분
책 읽어주기의 기적

내 아이를 더욱 빛나는 존재로 만드는 단 하나의 방법,
내 아이를 행복하게 만드는 가장 값진 시작,
그것은 바로 엄마가 읽어주는 책 한 권이다.

OPEN BOOK!

> # 엄마가 책을 읽어주면
> # 일어나는 기적들
>
> "어느 날 한 권의 책을 읽었다.
> 그리고 나의 인생은 송두리째 바뀌었다." _ 오르한 파묵

엄마가 깨워준
내 아이의 예쁜 꿈

엄마가 마음으로 전하는 책 한 권은 아이의 미래를 깨우는 설렘이다. 아이의 가슴을 살아 움직이게 만드는 설레는 감동이다.

"엄마, 내가 임마누엘을 알게 되어 다행이야!"

인수가 로리 앤 톰슨의 그림책《달려라 왼발자전거》를 읽고 엄마에게 한 말이다. 사람들이 있는 곳을 기피하는 인수는 그림책의

임마누엘을 만난 날, 엄마 손을 잡고 마음껏 시장구경을 즐겼다. 그리고 마음속 깊숙이 숨겨놓았던 꿈을 꺼냈다.

인수는 얼굴에 점이 많다. 거뭇거뭇 얼굴의 절반 이상을 차지한 점은 인수가 길을 갈 때도 늘 고개 숙이게 만든다. 커갈수록 인수는 마치 스스로 고립되기를 원하는 사람처럼 집을 벗어나려 하지 않는다. 혼자 있는 것이 차라리 편하다. 사람들의 시선에 위축되어 버린 인수는 떨어진 자신감만큼 의욕도 잃어갔다.

엄마는 이런 인수가 늘 안타깝다. 아들이 혼자 있는 모습을 볼 때면 가슴 아파오는데 인수가 더 위축될까봐 제대로 표시 한 번 낼 수도 없다. 그러던 어느 날 엄마는 우연히 임마누엘이 나오는 《달려라 왼발자전거》그림책을 발견했다. '바로 이거야!'라는 생각으로 당장 인수에게 읽어주었다.

《달려라 왼발자전거》는 한쪽 다리로만 자전거를 타고 장장 640km를 횡단하는 가나의 소년 임마누엘 이야기다. 임마누엘은 태어날 때부터 한쪽 다리를 쓸 수 없었다. 사람들은 아이가 커서 제구실도 못할 거라 수군거렸지만 엄마는 아들을 절대 포기하지 않았다. 하지만 한쪽 다리에 장애를 가진 소년이 살아가기에 세상은 그리 녹록지 않다. 사람들의 편견은 임마누엘을 더 힘겹게 했다. 그래서 임마누엘은 큰 결심을 한다. 불구란 불가능을 뜻하지 않는다는 것을 모두에게 직접 보여주기로 한다. 장애를 바라보는 사람들의 편견을 바꾸기 위해 '가나 횡단'이라는 어마어마한 결정을 내린다. 임마누엘은 가슴에 '장애인'이라는 글자를 당당히 달고 한쪽 다리로 페달을 밟아 가나를 횡단한다. '나는 장애인이에요. 하지만 멋지게 성공할 수 있어요'를 자신 있게 보여준다. 임마누엘은 '세상 어디에도 완벽한 사람은 없다, 모두 최선을 다할 뿐!'이라는 메시지를 강하게 전달하고 있다.

인수는 임마누엘을 읽는 동안 펑펑 울었다. 임마누엘의 유일한 버팀목이던 엄마가 세상을 떠났을 때, 장애가 있어 덜 자란 한쪽 다리를 자전거 틀에 동여맬 때, 그럼에도 씩씩하게 달릴 때, 마지막에 임마누엘이 웃는 얼굴로 두 팔을 번쩍 들어 올릴 때도 울었다. 그때 인수는 엄마에게 임마누엘을 만나게 해줘서 고맙다고 말했다. 그리고 나지막이 한마디 더 말했다. 커서 어른이 되면, 점이 안 보이는 어두운 밤에만 할 수 있는 일을 하려고 했는데 그러지 않아도 될 것 같다고. 의사 선생님이 되고 싶다는 생각을 해본 적도 있는데 사람들을 만나야 되니까 포기했었단다. 그런데 지금은 사람들 앞에 당당히 설 용기가 생겼다고 말했다. 인수는 크면 자기처럼 마음이 아픈 친구를 도와주는 정신과 의사 선생님이 꼭 될 거라고 다짐했다.

"어느 날 나는 한 권의 책을 읽었다. 그리고 나의 인생은 송두리째 바뀌었다"고 말한 오르한 파묵의 이야기처럼 인수는 임마누엘을 만났다. 엄마가 선물한 임마누엘은 인수의 가슴을 뜨겁게 했다. 혼자 고립되기를 차라리 바라던 인수를 세상 밖으로 나오게 했다. 인수 마음에 예쁜 꿈도 품게 했다. 어느 날 만난 책 속의 임마누엘이 인수의 설레는 미래를 깨웠다.

책이 부르는
아이의 기분 좋은 변화

책 읽기는 아이가 감정을 존중받는 위로이자 공감이다. 책을 읽는 동안 엄마가 그저 곁에만 있어도 아이는 엄마에게 자신의 마음을 이해받는다고 생각한다. 마음 구석구석 위로받는 책 공감이 아이를 기분 좋게 변화시킨다.

"앞으로 또 삐뚤이가 되고 싶을 땐 해바라기 같은 엄마 얼굴을 떠올릴 거예요!"

초등 4학년 승기가 엄마와 조리 존의 그림책《나쁜 씨앗》을 읽은 뒤 표현한 한 줄 다짐이다.

평소 승기는 책 속에서 엄마 이야기만 나오면 불만을 쏟아냈다. "우리 엄마는 대화가 안 통해요!" "엄마는 제 마음 따위는 신경도 안 써요!"는 기본이고 "절대 엄마랑 말 안 할 거예요!"라며 얼굴이 붉으락푸르락해진다.

그런데 엄마와 둘이 이 책을 몇 번 읽은 뒤 승기는 멋쩍은 웃음을 지으며 엄마를 해바라기 꽃에 비유했다. 엄마가 이 책을 읽는 동안 자기 이야기를 들어주고 마음을 알아줬다는 이유로 엄마는 '승기바라기' 같단다. 승기는 스스로 '마음이 간질거린다'고 표현할 만큼 기분이 좋아졌다.

승기는 친구들 사이에서 조금 난폭하게 행동하는 편이다. 화가 날 때는 자기 감정에 치우쳐 친구들의 눈살을 자주 찌푸리게 한다. 이럴 때면 엄마는 승기의 행동이 나쁘다며 엄하게 혼낸다. 엄마는 승기를 야단칠 때 단 한 번도 승기에게 "왜 화가 났어?" "기분이 어쩌다 안 좋아졌어?"라고 물은 적이 없다. 승기가 변명할 틈도 주지 않고 엄마는 일방적으로 야단만 친다. 승기는 이 부분이 엄마에게 가장 불만이다. 엄마가 자기 마음 따위는 신경도 안 쓴다고 생각해 언젠가부터 승기는 엄마와 절대 대화하지 않겠다고 선언도 했었다.

"저도 화가 날 때는 자꾸 삐뚤이가 되고 싶어져요. 나쁜 씨앗이 나의 마음과 닮았어요…."

승기가 엄마와 이 책을 읽을 때 무심결에 내뱉은 이야기다. 엄마와 절대 말하지 않겠다던 승기는 나쁜 씨앗을 보자 숨겨두었던 속마음을 자신도 모르게 풀어놓았다. 일부러 나쁜 행동을 하는 씨앗의 마음이 마치 자신과 닮은 것 같다며 꾹꾹 눌러두었던 자기 마음을 솔직하게 꺼냈다. 사실은 자기도 늘 혼자 있는 기분이어서 외롭고 쓸쓸했단다. 친구는 물론 엄마조차 자기 마음을 몰라주는 것이 너무 슬퍼서 그동안 화를 더 많이 낸 것이라고 했다. 실은 화를 내는 동안 마음이 무겁고 불편했는데 말할 기회가 없어서 더 숨겨왔단다.

엄마는 처음으로 승기의 외로운 속마음을 듣고 등을 토닥이며 "엄마가 네 마음을 몰라줘서 미안해. 이젠 꼭 너의 마음을 먼저 물어볼게. 그리고 말해줘서 너무 고마워!"라고 위로해주었다.

승기는 엄마가 자기에게 '미안해'라는 말을 할 때 눈물이 날 뻔 했단다. 엄마가 자기 마음을 진짜 이해해주고 알아주는 것 같아서 너무 좋다고 얼굴에 미소를 띠었다. 만약 앞으로 삐뚤이가 되고 싶을 때가 또 오면 화를 내기 전에 '왜 화가 나는지' 스스로 먼저 생각해보겠다고 다짐까지 했다.

《나쁜 씨앗》을 읽는 동안 승기는 마음의 빗장을 풀었다. '나쁜 씨앗'과 곁을 지켜준 엄마의 존재로 스스로 상처 난 마음을 다독였다. 감정코칭의 대가인 심리학자 존 가트맨은 아이의 감정을 있는 그대로 잘 받아주기만 해도 아이는 마음이 안정되어 감정조절 능력이 생긴다고 말한다. 승기에게 엄마와 함께하는 책 읽기는 존재 그 자체로 안정감을 주는 공감이었다. 엄마가 곁에 있었을 뿐인데 승기는 자기 마음을 위로받았다. 그리고 스스로 자기 마음을 회복시켰다. 엄마와 함께하는 둘만의 책 읽기가 승기의 마음과 행동에 기분 좋은 변화를 불러왔다.

우리 아이에게
어떤 책을 읽어줘야 할까?

아이 내면의 결을 살리는 '나만의 의미 있는 책'이
우리 아이를 더욱 빛나는 존재로 만든다.

이럴 땐 이런 책,
나만의 의미 있는 책 읽기

"만약 내가 다른 사람과 같은 책을 읽었다면 다른 사람과 같은
정도로밖에 몰랐을 것이다."

영국의 철학자 토머스 홉스는 "우리가 어제와 다른 오늘을 살려면
나를 위한, 나에게 맞는 책을 읽어야 한다"고 말한다. 모두가 같은
책, 같은 방법으로만 읽으면 자신의 인생에 더 깊이 적용하고 사
유하는 데 한계가 있기 때문이다.

우리 아이들도 똑같다. 나만의 의미 있는 책이 아이를 더 빛나는 존재로 만든다.

아래는 초등 3학년 다미가 샤를로트 문드리크의 그림책 《무릎 딱지》를 읽고 돌아가신 엄마에게 쓴 편지다.

다미는 독서시간에 꽤 집중을 잘 한다. 발표를 할 때도 잠시 머뭇머뭇거리지만 이내 핵심을 잘 파악한다. 하지만 매번 활기가 없다. 다미를 만나면서 웃는 얼굴을 본 적이 거의 없다. 엄마가 돌아가신 후 다미의 일상은 늘 기운이 없다.

이런 다미가 《무릎 딱지》를 읽던 날, 돌아가신 엄마에게 편지를

엄마,
엄마가 언제나 저의 가슴에 함께
있다는 사실을 잊고 있었어요.
다른 아이들이 엄마랑 손 잡고 걸어갈 때 나는 엄마가
없으니까 울적한 기분이었어요.
아이들이 엄마 없다고 놀릴 때도 '그래, 나는 엄마가
없으니까….' 제가 놀림 받는 게 당연한 줄 알았어요.
그런데 제 생각이 틀렸어요. 나도 엄마랑 항상 같이
걷고 있었는데….
엄마가 늘 제 가슴 위 쏙 들어간 곳에 계셨는데….
지금은 알았어요. 그러니까 이제부터 힘을 낼게요.
엄마가 제 걱정 안 하게 씩씩하게 지낼게요.

쓰면서 눈물을 하염없이 쏟아냈다. 그리고 바로 다음날부터 다미는 얼굴에 수줍은 미소를 띠기 시작했다. 시간이 지날수록 가끔은 활짝 웃기도 하며 활기를 띠었다. 다미는 이 책을 읽는 동안 엄마의 빈자리를 채우는 자기만의 방법을 찾아냈다. 《무릎 딱지》의 주인공처럼 엄마를 가슴에 품으면서 외롭고 허전한 마음을 따뜻한 에너지로 바꿔냈다.

아이들은 저마다 다르다. 정서가 다르고, 경험이 다르고, 처한 상황이 다르다. 성격은 물론 그 아이만의 환경은 제각각이다. 모두가 다른데 똑같은 방법으로 아이를 대할 수 없는 것처럼 책도 마찬가지다. 누구에게나 같은 책을 읽으라고 한다거나, 똑같은 주제를 찾으라고 말하면 안 된다. 모두에게 좋은 책이어도 다미처럼 특별히 나에게 와닿는 책은 따로 있다.

초라한 옷을 입고 교문 앞에 서 있는 엄마가 창피했던 영준이는 친구들이 학교를 다 빠져 나간 뒤 일부러 맨 마지막에 나온 적이 많다. 이런 영준이가 《엄마의 초상화》를 읽고 자신을 기다리는 엄마를 위해 조금씩 빨리 엄마 앞에 나타나는 용기를 낸다.

헤나는 맞벌이를 하는 부모님으로부터 늘 외롭다. 혼자 집에 들어가는 것이 싫어 학교를 마치면 '오늘은 어떤 친구 집에 갈까?'를 고민하는 아이다. 헤나는 우연히 《고양이 해결사 깜냥》을 읽은 후, 혼자 있는 것이 외롭지 않다고 말한다.

진영이는 겁이 좀 많은 아이다. 익숙한 곳만 가려 하고, 혼자서는 아무것도 하지 않으려 한다. 그런데 《문어 목욕탕》의 민지를 보며 처음 해보는 일에도 즐거움이 있다는 것을 느낀다.

이 밖에도 《고슴도치의 알》《영웅을 찾습니다!》《틀리면 어떡해?》《완벽한 아이 팔아요》 등 각자가 선택한 책으로 특별한 감동을 담아낸 아이들은 많다. 같은 책을 읽어도 감동 포인트가 제각각 다른 것처럼 아이들에게 울림을 주는 책은 따로 있다.

아이의 정서와 상황에 맞는 나만의 의미 있는 책이 아이들 한명 한 명 내면의 결을 살려준다. 이럴 때 아이는 자기만의 의미를 찾아 스스로 더 빛나는 존재가 된다.

우리 아이의 독서, 시작은 그림책으로

"그림책 속에서 찾아낸 즐거움의 양에 따라 아이가 평생 책을 좋아하게 될지 싫어하게 될지 결정된다."

그림책은 우리의 긴 독서 생활 중 가장 중요한 책이다. 아동문학 평론가 도로시 화이트는 아이가 태어나 처음 만나는 그림책에서 즐거움을 느꼈던 크기에 따라 책을 얼마나 좋아하게 될지가 결정된다고 말한다. 그는 그림책에 대한 관심과 흥미가 다른 책으로 이어진다며 그림책과의 만남을 중요하게 생각했다.

"오늘은 어떤 책 읽을 거예요?"

"궁금해요! 얼른 말해주세요."

독서 교실에 들어오는 아이들은 문을 열자마자 이 말부터 한다. 인사도 생략이다. 책상에 가방도 놓기 전에 선생님 옆으로 와서 주변을 살핀다. 셜록 홈즈가 따로 없다. 어떻게든 책을 알아내겠다는 귀여운 의지를 발산한다. 저학년뿐 아니라 고학년도 궁금한 건 똑같다.

아이들에게 선생님이 해준 것은 그날그날 아이들 상황에 맞는 그림책을 함께 읽고 질문독서를 했을 뿐이다. 아이들이 지쳐 있는 날은 요시타케 신스케의 그림책이나 필립 코랑탱의 《먹보 귀신과 늑대와 꼬마와 과자 이야기》처럼 신나는 내용의 책으로 퀴즈를 풀듯 읽는다. 친구끼리 다툼이 많은 날은 재클린 우드슨의 《친절한 행동》처럼 서로의 행동을 돌아볼 수 있는 그림책으로 인물들의 표정과 행동에 집중하며 읽는다.

아이들이 그림과 내용 속에 빠질 수 있도록 공감을 일으키며 읽었을 뿐인데, 아이들의 몰입도는 최강이다. 마치 역할극을 하는 것처럼 아이들은 금세 책 속 인물이 된다. 자신이 이야기의 주인공인 것처럼 신이 나 있다.

아이들이 던지는 "오늘은 어떤 책 읽을 거예요?" 질문은 '오늘 나는 어떤 캐릭터가 되는 걸까?' 하는 기대와 같다. 《지각대장 존》의 작가 존 버닝햄은 어린이들은 그림책을 뇌로 이해하는 것이 아니라 감성으로 이해한다고 했다. 책은 글로만 읽는 것이 아니다. 독서는 아이들 각자의 상황과 기분이 만들어내는 즐거운 감동이다.

아이들은 인물들의 표정과 행동, 말투 하나 놓치지 않고 온몸으로 책을 느끼며 읽는다. 이런 재미가 아이에게 '읽고 싶다'는 자발적 동기를 불러온다.

책을 싫어하거나 거부감을 나타내는 아이들은 공통점이 있다. 이런 아이들은 책에 대한 매력을 온몸으로 느껴본 적이 없다. 엄마가 읽으라고 하니까 눈으로만 읽거나, 스스로 읽더라도 책 속 숨은 재미를 충분히 느껴보지 못했기 때문에 커갈수록 점점 책을 멀리하는 것이다.

저학년도, 고학년도 상관없다. 독서에 흥미를 불러일으키고 싶다면 그림책으로 시작하면 된다. 그림책의 재미에 풍덩 빠진 아이들이 글밥 많은 책의 즐거움도 안다.

그림과 글 사이를 나만의 상상으로 채우는 재미를 알면 아이는 온몸으로 즐거운 상상을 하며 다음 이야기, 뒷이야기가 궁금해서 책을 손에서 놓지 못한다. 그림책에서 느낀 재미가 글밥 많은 동화책, 두꺼운 고전을 읽어내는 내 아이의 독서 습관이 된다.

우리 아이에게 어떻게 책을 읽어줘야 할까?

아이의 마음근육과 생각근육을 키우는 질문독서.
물음표 하나가 아이에게 기적을 불러온다.

아이의 동기를 깨우는 질문독서

아이가 즐거운 마음으로 책 읽는 가장 좋은 방법은 질문독서다. 질문독서는 강요가 아이라 아이의 관심과 흥미로 출발하기 때문에 스스로 읽고 싶은 동기를 만든다.

초1: '질문독서는 **슬라임**이다.'
초5: '질문독서는 **비밀 일기장**이다.'
중1: '질문독서는 **양파**다.'

질문독서에 대한 아이들의 한 줄 느낌이다.

초등 1학년 언주는 질문독서가 슬라임처럼 가지고 놀아도 또 하고 싶은 생각이 자꾸만 들어 중독되는 마음이라고 한다. 원래 생각하는 것이 귀찮아 "몰라요" "그냥요"라는 대답만 했는데 질문독서를 하면 자기 생각이 슬라임처럼 잘 늘어난다고 한다. 언주는 책을 읽을 때 여러 가지 색깔을 섞는 슬라임처럼 생각도 다양해져서 신기하단다.

질문독서가 비밀 일기장이라고 말한 현수는 독서시간에 선생님과 친구들과 이야기를 하다 보면 자기도 모르게 비밀 이야기를 한다. 평소 엄마와 친구들에게 절대 알리고 싶지 않은 고민과 비밀 이야기를 이상하게 자꾸만 하게 된다며 마법에 걸린 것 같단다.

중등 1학년 자유학기 수업에서 만난 창민이는 독서동아리에 올 때 가위바위보에 져서 어쩔 수 없이 왔다. 첫 시간에 기분 나쁜 티를 팍팍 내며 자리에 앉았다. 그런데 막상 수업을 해보니 독서시간은 '세상에서 가장 크고 달콤한 씨앗'인 것 같단다. 늘 책상에 엎드려 자던 자신과 친구들을 일으켜 시끄럽게 말하게 하고 '나도 무언가 할 수 있겠다'는 의지를 싹 틔워준다는 이유에서다. 창민이는 고약한 냄새를 풍기는 양파가 물을 주면 싹을 틔우고 불로 요리하면 달콤한 맛을 내는 것처럼 독서시간이 자신을 변화시킨 물이고 불이라고 말한다.

질문독서는 부모님이나 선생님이 하는 질문이 아니다. 아이가 스스로 궁금한 것에 대해 질문하는 독서다. 질문은 내가 원하는 것, 내가 하고 싶은 이야기를 표출하는 아이의 관심이다.

아이가 스스로 졸음을 깨우고 비밀 이야기까지 풀어놓을 수 있는 이유는 질문이 아이 삶의 동기이기 때문이다. 생텍쥐페리는 "아이가 배를 만들기 원하면 바다를 그리워하게 하라"고 말한다. 바다를 그리워할 동기가 있으면 멋진 배를 만드는 기술은 스스로 터득한다. 내 아이가 바다를 그리워하는 동기가 바로 질문독서다.

마음근육과 생각근육을 키우는 질문독서법

질문독서는 누구나 쉽게 할 수 있는 방법이다. 몇 가지만 익혀두면 아이들의 마음근육과 생각근육을 동시에 탄탄하게 만들 수 있다. 아이들이 좋아하는 백희나 작가의 《알사탕》으로 단계별로 같이 해보자.

1단계 : '왜~까?' 질문으로 표지의 내용 상상하기

표지에 있는 그림을 보고 '왜~까?'로 질문을 만들어 이야기를 나누면 자연스럽게 호기심과 상상력을 자극할 수 있다. 질문을 만든 뒤 답을 찾지 않아도 괜찮다. 질문으로 이미 아이에게 관심과 집중력이 생겼다. 표지는 가볍게 이야기를 나누는 것이 핵심이다.

가끔 제목을 가리고 책을 다 읽고 난 뒤 맞추기 게임을 해도 좋다. 아이가 만든 제목은 책을 읽고 느낀 아이만의 창의적 생각이다. 주제를 따로 찾을 필요가 없다.

"왜 아이는 사탕을 들고 있을까?"
"왜 핑크색 사탕일까?"
"왜 아이는 눈이 동그랄까?"

2단계 : 엄마는 읽고, 아이는 그림 자세히 보기

이 시간에 아이는 마음껏 상상할 수 있다. 엄마가 미처 발견하지 못한 그림까지 면밀히 살피며 자기만의 이야기를 만든다. 충분히 감상할 수 있도록 천천히 읽어보자. 만약 아이가 고학년인데도 읽기가 서투르다면 엄마와 둘이서 한 문장 또는 한 페이지씩 나누어 읽어보길 권한다. 소리 내어 읽는 반복은 아이의 말하기 습관이 되어 한 달만 꾸준히 하면 글이 술술 읽힌다.

3단계 : 느낌 또는 인상 깊었던 장면 이야기하기

표지 부분에서 유추했던 내용과 비교하거나 등장인물에 대한 행동이나 마음에 대해 간단한 느낌을 말한다. 그리고 책 속 그림이나 내용 중 가장 재미있었거나 마음에 와닿았던 부분을 고른다. 아이가 선택을 하면 이유를 꼭 물어주자. 여기에서의 질문이 아이의 말문을 여는 계기가 된다.

"동동이를 보니까 어떤 느낌이 들어?"

"어느 부분이 가장 마음에 들었어?"

"왜 이 부분을 고른 거야?"

4단계 : 궁금한 것에 대한 질문 만들기

질문을 처음 해보는 아이는 부담이 될 수도 있다. 그럴 때는 좀 전에 찾은 인상 깊은 부분에서 문장 끝인 '다' 또는 '요'를 '까?'로 바꾸고, 앞부분에 '왜'를 넣으면 질문이 된다. 이 질문에 둘이서 '왜냐하면~'으로 자유롭게 대답을 하다 보면 또 다른 궁금증이 꼬리를 물게 된다. 아이가 대답을 하면 절대 다그치지 말고 끝까지 기다려줘야 한다. 아이의 자신감이 자유로운 생각을 부르고, 사고의 깊이를 만들기 때문이다. '그렇구나' 인정하고, '멋진 생각이네' 칭찬하면 머지않아 아이는 질문왕이 되어 있다.

아이가 질문에 익숙해지면 인물의 '마음'을 묻는 질문을 꼭 하도록 하자. 이때 아이는 인물에게 자신의 감정을 이입해 숨겨진 고민이나 상처를 질문으로 꺼낸다. 엄마는 마치 그림책 속 인물 이야기에 대답하듯 살며시 아이 마음을 안아줄 수 있다.

"동동이는 왜 놀이터에서 혼자 놀았을까?"

"혼자 놀 때 동동이는 어떤 마음이었을까?"

"나에게는 어떤 사탕이 필요할까?"

5단계 : '만약 나라면~?' 질문으로 나만의 메시지 찾기

'만약 나라면' 질문은 나의 삶에 직접 적용하는 물음이다. "만약 내가 동동이라면, 난 어떤 사탕을 먹고 싶을까?"와 같은 아이의 적용 질문은 자연스럽게 '나'의 상황을 떠올리게 한다. 동동이처럼 친구와 놀고 싶은데 말할 용기가 없던 아이는 자신감 없던 자신의 경험을 떠올려 '친구 만드는 사탕'을 먹고 싶다고 말할 것이다. "사탕을 먹고 어떻게 하고 싶어?" 다시 물어주면 "이제부터는 내가 먼저 놀자고 말해볼 거야" 하는 것처럼 아이는 앞으로 이런 상황에 어떻게 행동할 것인지 방법을 생각하며 실천적 메시지까지 찾게 된다.

질문독서는 아이들 한 명 한 명의 생각과 마음을 키울 수 있다. 아이 스스로 동기를 일으키게 하고, 마음에도 생각에도 특별한 의미를 담아준다. 질문독서로 아이의 내면과 외면을 탄탄하게 만들어보자.

질문을 잘 만들 수 있는 노하우

★ '왜' '어떻게' '까'를 넣어서 만든다.
★ 등장인물의 느낌, 감정, 기분에 대해 질문한다.
★ 인물의 행동, 생각에 대해 질문한다.
★ '만약 나라면'을 넣어 '나'의 삶과 연결해 질문한다.
★ 공통점과 차이점에 대한 비교질문을 한다.
★ 문제해결 방안에 대한 질문을 한다.

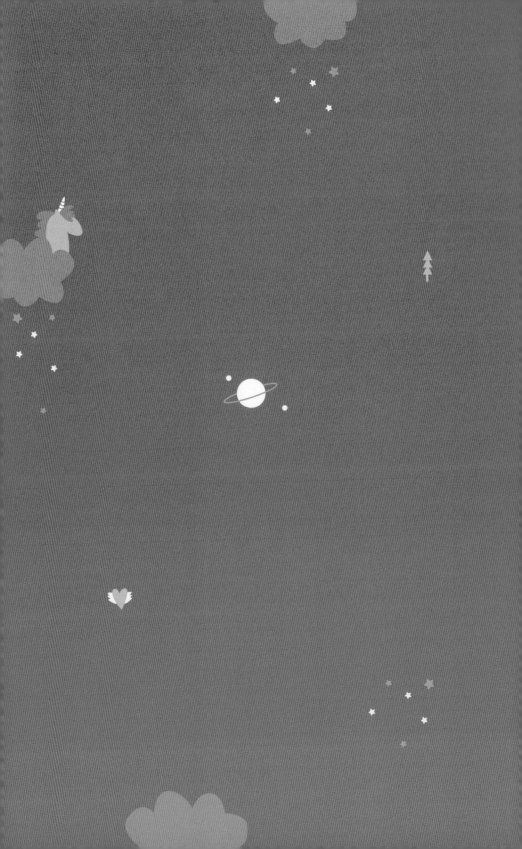

⭐2
매일 20분 책 읽기로 아이의 자존감을 키울 수 있다

"태양을 볼 수 있는 사람은 행복하고,
볼 수 없는 사람은 불행한 것이 아니다. 중요한 것은 마음이다."
헬렌 켈러의 말처럼, 행복은 우리 아이의 마음에서부터 시작된다.
자기 이름 안에 숨겨진 엄청난 에너지가
바로 자존감이라는 행복한 무기다.

OPEN BOOK!

소심하고 두려움 많은 아이, 자신감 높이기

두려움은 실패에서 오지만,
아이의 실패는 자신감을 낳는 좋은 기억이 된다.

실패에서 오는 아이들의 두려움

소심한 아이들은 또래보다 걱정이나 두려움의 무게가 크다. 누구에게나 걱정 한 개쯤은 있지만 걱정에서 오는 두려움이 클수록 아이의 의지는 약해진다.

"저는 집에 혼자 있는 걸 못해요. 부모님이 안 계시면 화장실 갈 때도 동생이랑 같이 가요. 유치원 때 엘리베이터에 갇힌 적이 있는데 그때 너무 무서웠어요."

3학년 석현이는 세상에서 엘리베이터에 혼자 타는 것이 가장 무섭다고 말한다. 엘리베이터에 갇혀 5분 동안 혼자 있은 후부터는 어디서든 혼자 있는 것이 두렵다고 했다.

석현이처럼 다시는 기억하고 싶지 않은 경험은 성향에 따라 다른 행동에도 영향을 준다. 이럴 땐 하나의 두려움이 더 큰 두려움으로 아이를 잠식하지 않도록 연결고리를 끊어줘야 한다. 실패가 그저 하나의 과정이 될 수 있도록 생각을 전환시켜줘야 한다.

두려움을 긍정으로 바꾸는 '덕분에~좋아!'

두려움이 큰 아이는 자신에 대한 긍정적 믿음이 생기도록 시선을 바꿔주는 것이 좋다. '시선 바꾸기'가 아이의 적극적인 의지를 부르기 때문이다.

석현이와 아드리앵 파를랑주의 그림책《누가 사자의 방에 들어왔지?》를 읽었다. 이야기는 한 소년이 사자가 없을 때 사자의 방에 들어오면서 시작된다. 밖에서 소리가 들리자 방에 있던 소년은 사자가 오는 줄 알고 침대 아래로 숨는다. 하지만 방에 들어온 것은 사자가 아니었다. 누군가 다가오는 소리가 들릴 때마다 사자인 줄 알고 더 꽁꽁 숨는다.

이 장면을 본 석현이는 소년의 행동을 유심히 살폈다. 사자의 방에 숨어 있는 소년이 꼭 자기가 엘리베이터 탔을 때와 같은 모습이라며 소년이 얼마나 무서운지 알겠다고 했다. 엘리베이터 사건 이후 혼자 집에 있는 것도, 화장실 가는 것도 무서워졌다며 자신의 경험까지 들려주었다.

이 책을 다 읽고 석현이와 '덕분에~좋아!' 시선 바꾸기 놀이를 했다. '덕분에~좋아!' 시선 바꾸기는 석현이의 확장된 두려움의 연결고리를 끊고 좋은 기억으로 유도할 수 있는 효과가 있다. 일종의 셀프 칭찬처럼 에너지 값을 긍정적으로 전환하는 활동이다. '~했지만 덕분에~좋아!'처럼 빈칸 채우기만 하면 된다.

"엘리베이터 혼자 타기는 무서웠지만 **덕분에** 우주선을 타는 것 같아 **좋아**!"

석현이가 바꾼 문장이다. 석현이는 이제부터 엘리베이터를 탈 때마다 우주선을 떠올릴 것이라고 한다. 석현이가 바꾼 '덕분에'는 석현이가 두려움을 이겨내는 힘이다. 어떤 상황에서도 좋은 점을 찾으려 하는 석현이의 긍정 에너지다. 두려움을 붙잡아 자신감으로 바꾸는 확장 에너지다. '~했지만 덕분에~좋아!'로 아이의 자신감을 높여보자.

두려움이 나의 긍정에너지가 되는 책

《누가 사자의 방에 들어왔지?》
아드리앵 파를랑주 글·그림,
이경혜 옮김, 봄볕

《누가 사자의 방에 들어왔지?》는 2015년 볼로냐 라가치 상 수상작이다. 이 작품에 등장하는 인물들은 모두 사자라는 존재를 두려워한다. 그런데 오히려 사자가 더 벌벌 떨며 두려워하는 반전의 재미에 호평을 받은 작품이다.

이 작품은 아이들 마음속 두려움에 대한 이야기다. 하나의 두려움이 더 큰 두려움을 만들어 '어떻게 아이의 심리를 위축시키는지' 그 과정을 잘 보여준다. 특히 두려움은 피하기 때문에 더 커진다는 것을 알려준다. 아이들은 알고 나면 별 것 아닌 두려움을 꽁꽁 숨기기 때문에 두려움이 없어지지 않는다는 것을 깨닫는다. 등장인물을 보며 저마다 자신의 숨은 불안을 밖으로 꺼낸다. 두려움과 직면하는 아이의 용기를 만들어준다.

이 책을 읽는 동안 아이에게 "넌 언제 두려움을 느꼈어?"라고 물어주면 아이는 자신이 겪은 이야기를 한다. 이때 아이의 경험을 잘 듣기만 해도 아이의 두려움은 한결 가벼워진다. 이 책을 다 읽고 나면 석현이처럼 '~했지만 덕분에~좋아!' 시선 바꾸기 활동을 꼭 해보자.

"오빠가 나의 새 장난감을 망가트릴까봐 학교 가기 두려워. 하지만 **덕분에** 나도 오빠가 제일 아끼는 장난감을 만져볼 수 있어서 **좋아!**"

"집에 혼자 있으면 두려워. 하지만 혼자 있는 **덕분에** 게임을 할 수 있어서 **좋아!**"

"거절 당할까봐 친구에게 먼저 놀자고 말하기 두려워. 하지만 **덕분에** 후회하지 않아서 **좋아!**"

"틀릴까봐 손 들기 두려워. 하지만 **덕분에** 아는 문제는 말할걸 이란 후회가 용기를 만들어줘서 **좋아!**"

사고의 방향을 바꾸면 아이는 힘든 상황에서 자기만의 감각적인 방식으로 새로운 방법을 찾는다. 스스로 부정적 사고의 틀을 깨고 긍정적으로 생각하려 노력한다.

반복적인 시선 바꾸기가 아이의 회복 에너지다. 스스로 일으키는 내적 변화가 아이 자신에 대한 믿음이고 자신감이다. 사자 방에 있던 인물들이 처음 사자 방에 들어왔을 때와 '어떻게 달라졌는지' 비교하면서 읽다 보면 우리 아이도 두려움을 이겨내고 자신감을 찾게 된다.

《누가 사자의 방에 들어왔지?》질문대화 독서법

이 책을 읽으며 아이의 두려웠던 경험을 많이 들어주자. 페이지마다 달라지는 인물들의 표정을 '틀린 그림 찾기' 게임을 하듯 찾으며 읽어도 좋다. 아이의 감정이입을 도와 경험을 떠올리기 수월하다.

❶ 표지 보며 이야기 나누기

★ 제목의 '사자' 단어를 가리고 빈칸을 채운다.

"빈칸에 어울리는 말을 넣어볼까?"

"아이들이 무엇을 하고 있을까?"

❷ 페이지를 넘길 때마다 그림 보며 질문 곁들이기

"소년은 왜 숨었을까?"

"왜 사자가 들어왔다고 생각하는 걸까?"

"앞 페이지와 달라진 점을 찾아볼까?"(웅크리고 있던 소년의 변화 등)

"왜 사자는 자기 방인데 가장 무서워할까?"

"생쥐는 어떻게 편안하게 잘 수 있었을까?"

❸ 아이의 두려웠던 경험 듣기

★ 엄마의 이야기를 먼저 들려준다.

"엄마는 오해가 생길까봐 두려워. 왜냐하면 오해를 푸는 과정이 힘드니까."

"너는 언제 가장 두려운 마음이 들었어?"

❹ '~지만 덕분에~좋아!' 시선 바꾸기 게임하기

"오해가 생길까봐 두려워. 하지만 덕분에 잘 풀면 더 친해질 수 있어서 좋아!"

무기력한 아이,
의욕 기르기

자기결정권이 있는 아이는
스스로 선택한 일에 최고의 능력을 발휘한다.

매사에 의욕이
사라진 아이

"일수야, 넌 누구니?"

"네 쓸모는 누가 정하지?"

유은실 작가의 작품《일수의 탄생》에서 주인공 백일수가 자신에
게 하는 말이다. 일수는 거울에 비친 자신을 들여다보며 스스로에
게 묻는다.

일수는 국민, 시민, 예비군, 어머니의 하나뿐인 아들, 가훈업자,

문구점 아저씨다. 하지만 자신의 의지대로 정한 진짜 일수는 어디에도 없다.

일수는 나이 서른이 될 때까지 자신의 의지대로 살지 못했다. 부모님의 부푼 기대 속에 태어났지만 제대로 부응 한번 못하는 아이였다. 엄마의 기대와 실망이 반복될수록 일수는 점점 존재감 없는 아이로 커갔다.

일수는 특별히 하고 싶은 것도, 좋아하는 것도 없다. 누군가 자기에게 의견을 물으면 '몰라요' '~같아요'라고 할 뿐이고, '~입니다'라며 자신감 있게 대답을 못한다. 일수는 자신의 삶에서 단 한 번도 스스로 판단하고 결정을 내려본 경험이 없다.

스스로 생각하고 스스로 결정하는 연습

우리 아이는 어떨까? 아이의 쓸모는 아이 스스로 정하고 있을까? 혹시 일수 엄마처럼 사랑이라는 이름으로 보이지 않는 울타리에 아이를 가두고 있는 것은 아닐까?

아이가 스스로 할 일을 부모가 판단하고 결정하면 아이는 생각할 의지를 잃어버린다. 가끔 부모가 화를 내거나 실망하는 표정을 짓는 것을 보면 아이는 '해도 안 되는 구나' '할 필요가 없구나'라고 생각하며 치명적인 상처를 받는다. 부모의 이런 사랑은 아이의 동기를 빼앗는 것과 같다.

인간의 행동과 동기에 대해 연구해온 심리학자 에드워드 데시는 "사람은 태어날 때부터 스스로 결정할 능력을 갖고 있으며, 스스로 선택한 일에서 최고의 능력을 발휘한다"고 말한다.

"네 생각은 어때?"
"왜 그렇게 생각해?"
"그래서 넌 어떡하고 싶은데?"

아이가 판단하고 선택할 수 있는 물음이 아이 삶의 동기이자 '어떻게 살아야 하는가?'를 스스로 고민하게 하는 자기결정권이다. 아이가 친구 때문에 힘들어 할 때 "그 친구와 놀지 마!"라고 말할 것이 아니라 "엄마 생각에 좋은 친구는 서로 마음이 통하는 친구인 것 같아. 넌 어떻게 생각해?"처럼 친구와 놀 건지 아닌지는 아이가 스스로 판단하고 선택하도록 엄마는 생각의 물꼬만 터주면 된다.

에드워드 데시의 말처럼 아이의 의지는 스스로 선택할 때 높아진다. 자신의 쓸모를 정하는 주도권을 부모가 아닌 아이에게 넘겨보자.

⭐ 의욕과 의지를 만들어주는 책

《일수의 탄생》
유은실 글, 서현 그림, 비룡소

이 책은 120쪽 정도의 분량이지만 재미있는 삽화가 많아 초등 저학년도 흥미롭게 읽을 수 있다. 초등 1학년 아들이 입학할 당시 온전히 나의 목소리로 읽었던 책이기도 하다. 목이 아프다는 핑계로 그만 읽고 싶었지만 뒷이야기가 궁금하다는 아들의 재촉에 쉬지 않고 단숨에 읽었다.

이 책은 초등 저학년뿐 아니라 고학년도 자신의 무기력함을 일깨울 수 있는 좋은 작품이다. 만약 아이가 중등 입학을 앞두고 있다면, 이 책은 '어떻게 살아야 하는가?'에 대한 고민을 하고 자신의 가치관을 정립하는 데도 도움을 줄 수 있다.

주인공 백일수는 부모님의 하나밖에 없는 귀한 아들이다. 아버지의 똥꿈 태몽과 엄마의 유별난 태교로 인해 일수가 태어나는 첫 장면부터 재미있다. 중간중간 엄마의 푼수끼는 책을 읽어주는 부모님도 웃게 한다.

"제목이 '일수의 탄생'인 이유가 무엇일까?"

일수는 자기가 무엇을 좋아하는지, 무엇을 원하는지 모르면서 자라는 보통의 아이다. 기계 공고를 가서야 기계 공포증이 있다는 것을 알았고, 취사병을 하면서 미각이 둔해 간을 못 맞춘다는 사실을 깨닫는다.

일수는 서른인 아저씨가 되어서야 처음으로 자신이 무엇을 좋아하는지, 어떻게 살아야 하는지 고민하기 시작한다. 더 이상은 엄마가 이끄는 대로, 그냥 살아지는 대로 살지 않을 의지를 다진다. 일수는 '진짜 나'로 살기 위해 자신의 길을 찾아 떠난다.

'일수의 탄생'이라는 제목은 진짜 일수로 태어나기 위한 일수의 첫 출발을 뜻하기도 하는 중의적 표현이다. 표지 그림에서 일수 머리 위에 한 개의 촛불이 켜진 것도 같은 이유다.

"일수 머리 위 케이크에 왜 초가 하나만 있을까?"

"왜 일수는 손에 붓을 들고 있는 걸까?"

"사슴이 문구점을 지나가는 것도 이상한데, 왜 사슴은 분홍색 구두를 신고 있을까?"

"제목에 생일이 아니라 왜 탄생이라고 적어놨을까?"

표지 그림부터 아이들은 할 말이 많다. 내용에 들어가기 전 책 읽기 시작을 표지부터 해보자. 표지가 중요한 작품이다. '왜'를 넣어 질문을 만들면서 이야기하면 꼼꼼히 살필 수 있다.

이 책을 다 읽고 나서 표지의 함축적인 의미를 잘 이해하려면 아이들과 일수 머리 위 초에 대한 이야기는 꼭 하고 넘어가야 한다. "하나만 켜진 초가 의미하는 것은 무엇일까?" 읽기 전과 후를 비교할 수 있도록 두 번 모두 질문해주자.

이 책을 읽는 도중에는 그냥 재미있게 읽기만 하면 된다. 자칫 엄마가 "일수는 왜 이렇게 바보같이 행동하는 거야?"라고 탓을 하면 아이들은 마치 자기가 혼나는 것 같은 기분을 느낀다. 일수를 통해 자기 이야기를 떠올리거나 자신에 대해 고민하는 자발적 동기가 사라질 수 있다. "일수는 왜 '같아요'라고만 이야기하는 걸까?"처럼 가볍게 생각의 문만 열어줘야 한다. 아이의 의욕을 깨워주고 싶다면 더욱 마음을 비워야 한다.

처음부터 끝까지 아이가 하고 싶은 이야기에 귀기울이고 들어주자. 엄마가 해야 하는 핵심질문만 살짝 해주면서 질문은 의도된 것이 아닌 척, 무심한 듯 툭툭 던지는 것이 포인트다.

다 읽고 나면 일수가 써주던 가훈 짓기를 아이와 함께해보자. 가훈 짓기가 아이의 어떻게 살아야 하는가에 대한 삶의 동기다.

"'나의 가훈'을 지어볼까?"

엄마가 가훈 짓는 시범을 보이면 아이도 따라한다. 이 책의 표지처럼 예쁜 족자 모양 종이에 적어 잘 보이는 곳에 걸어두면 아이는 자신이 존중받는다고 생각한다. 이참에 가족마다 각자의 것도 짓고 우리집 가훈도 만들면서 아이에게 삶의 동기를 심어주자.

《일수의 탄생》 질문대화 독서법

이 책은 아이가 선택하고 주도하는 즐거움이 무엇인지 느끼게 해준다. 엄마가 무심코 건드려주는 몇 개의 질문이 아이의 궁금증이 되어 스스로 판단하고 결정하는 기쁨을 만들어준다.

❶ 표지 그림으로 이야기 나누기
★ 대답보다는 질문을 만드는 데 중점을 두고 흥미를 유발한다.
　"제목이 왜 '일수의 탄생'일까?"
　"왜 아이는 붓을 들고 있을까?"
　"왜 상소문 같은 족자 모양이 많을까?"

❷ 내용을 읽으면서 궁금한 것 질문하기
　"나의 태몽은 무엇이었을까?"
　"일수는 왜 '같아요'라는 말만 계속 할까?"
　"일수는 왜 하고 싶은 것이 없을까?"

❸ 엄마가 꼭 해줘야 하는 질문 예시
　"왜 일수 머리에 초가 하나만 켜져 있었을까?"
　"일수 아저씨가 집을 떠난 이유는 무엇일까?"
　"제목을 '일수의 탄생'이라고 지은 이유가 무엇일까?"
　"일수 아저씨가 다시 가훈을 짓는다면 어떤 가훈을 지을까?"

❹ '나의 가훈 만들기'로 아이의 가치관 찾기
　"너의 가훈은 무엇으로 하고 싶어?"
★ 족자 모양으로 종이를 꾸민다.
★ 가훈을 예쁘게 붙여 걸어둔다.

아무 것도 못한다는 아이,
자기 가능성 찾기

인간은 스스로 믿는 대로 된다.
믿음은 천재를 한 순간에 바보로 만들 수도 있다.

스스로 '바보'라고
말하는 아이

"괜찮아, 뭐… 나는 바보니까."

호아킴 데 포사다의 책 《바보 빅터》에 나오는 빅터는 무려 17년간 바보로 살아간다. 어린 시절 친구들과 선생님은 늘 엉뚱한 상상을 하며 돌발 질문을 하던 그에게 '바보 같은 질문'이라며 심하게 조롱하거나 '바보야!'라는 말로 항상 무시했다. 친구들은 빅터의 IQ가 73이라는 이유로 '말더듬이, 저능아, 바보, 왕따'라는 별명까지 붙여주었다.

바보 취급을 받던 빅터는 친구들의 괴롭힘에 너무나 슬프고 외롭고 아팠다. 하지만 "괜찮아, 뭐… 나는 바보니까"라는 말로 자신을 위로하며 아파도 아프지 않은 척, 슬퍼도 슬프지 않은 것처럼 행동했다. 결국 그는 친구들의 시선을 견디다 못해 고등학교를 중퇴한다.

사회생활을 할 때도 빅터는 힘든 일이 닥치거나 실패의 순간마다 "괜찮아, 뭐… 나는 IQ 73인 바보니까"라는 말로 스스로를 합리화했다. 빅터는 남들이 붙여준 '바보'라는 이름으로 철저히 살아갔다.

"네, 맞아요. 세상에 나 같은 바보는 없을 거예요. 17년간 바보로 살았으니까요."
"나를 진짜 바보로 만든 건 바로 나였어요."

《바보 빅터》는 실존 인물 빅터 세리브리야코프의 이야기다. 그는 멘사 회장이 되었을 때 취임사에서 자신의 바보 인생에 대해 이야기했다. 군입대 전 실시한 IQ검사에서 그의 IQ가 73이 아니라 173이란 것을 알았고, 담임 선생님이 실수로 숫자 '1'을 지워버렸다는 사실을 알게 되었다. 하지만 그는 말했다. "나를 진짜 바보로 만든 건 나였어요."

자신이 바보로 살았던 진짜 이유는 친구들과 선생님 때문이 아니라고 말한다. 남의 말만 듣곤 '나는 바보야!'라고 생각하고 스스로를 포기했던 것은 바로 자신이었다. 그가 잃어버린 17년은 내가 '나' 자신을 믿지 못하고 외면했던 결과라고 말했다.

바보를 천재로 만드는 믿음

"인간은 스스로 믿는 대로 된다."

러시아 극작가 안톤 체호프는 내가 믿는 대로 내가 누구인지 결정된다고 했다. 믿음의 크기가 곧 내 가능성의 크기라고 말한다.

빅터는 자신의 생각을 가장 존중하기로 다짐한 그 순간부터 삶의 희망, 꿈, 가능성이 열렸다고 했다. 단지 생각을 바꿨을 뿐인데, 그동안 직장에서 수차례 해고당했던 것과 반대로 제대 후 들어간 목재회사에서는 노력한 끝에 목재 등급 측정기계를 발명할 수 있었다.

그는 이 일을 시작으로 영국 목재표준위원회 회장, 멘사 명예회장을 역임했고, 죽는 순간까지 뇌에 관한 많은 책을 집필했다. 믿음은 빅터를 새로 태어나게 했다. 숫자가 아니라 내가 나의 가치를 믿었던 확신이 빅터의 가능성을 발휘하게 했다.

믿음은 천재를 바보로 만들 수도 있고, 바보를 천재로 만들 수도 있다. 빅터처럼 "나는 바보야"라고 말하는 아이가 있다면 자신에 대한 믿음을 키워주면 된다. 누구에게나 자신의 이름 안에 엄청난 에너지가 숨어 있다. 내가 마음을 먹는 순간 에너지는 가능성의 빛을 뿜어낸다. 아이가 소중한 자신의 가치를 빛낼 수 있도록 《바보 빅터》를 함께 읽자. 나 자신을 믿는 힘이 곧 아이의 가능성이다.

자신에 대한 믿음을 주는 책

《바보 빅터》
호아킴 데 포사다·레이먼드 조 글,
전이수 그림, 한국경제신문사

《바보 빅터》는 두 인물의 실화를 바탕으로 쓴 작품이다. '17년간 바보로 살았던 천재' 빅터 세리브리아코프와 '못난이 콤플렉스'에 시달리던 트레이시가 자신의 가치를 찾아가는 이야기다. 타인의 시선이 곧 나의 삶을 결정해버린 두 인물의 안타까운 이야기는 '내가 나를 믿는 힘이 얼마나 중요한가'를 알려준다. 이 책이 전하는 감동은 초등 아이들과 청소년은 물론 어른들에게도 새로운 시작의 문을 열어준다.

아이들과 이 책을 읽을 때는 분량을 나눠서 읽기를 추천한다. 챕터마다 재미있는 에피소드가 많아 하루에 한 가지 에피소드로 이야기해도 대화가 끊이지 않는다.

앞서 1장에서 언급한 질문독서 방법으로 이 책을 읽으면서 아이가 자신의 경험과 생각을 많이 말하도록 유도해보자. 아이는 인물의 행동을 보고 답답했던 마음을 풀고 싶어 한다. 힘들었던 속마음을 엄마에게 터놓을 수 있게 질문으로 기회를 제공하고 편안하게 들어주자. 아이 마음을 읽어주는 이 시간이 아이가 스스로 용기 내는 데 꼭 필요한 단계다.

"무용수는 왜 함부로 다른 사람의 인생을 평가하는 걸까요? 성의 없이 하는 말을 믿고 꿈을 포기한 발레리나가 어리석은 것 같아요. 어떻게 하면 다른 사람의 말에 흔들리지 않을 수 있을까요?"

아이들과 '잃어버린 시간을 찾아서' 챕터를 읽고 질문 만들기를 했을 때다. 발레리나가 꿈인 시골 소녀는 유명한 무용수의 '소질 없다'는 한마디 말에 발레를 포기한다. 이 에피소드를 읽고 아이들은 소녀에게도, 무용수에게도 답답한 마음을 표출하기 바쁘다. 한참을 쏟아낸 뒤, 아이들은 "어떻게 하면 다른 사람의 말에 흔들리지 않을까요?"라며 스스로 자기만의 메시지를 찾는 질문까지 던진다. 엄마가 아이 이야기를 잘 들어만주어도 아이는 자기 안에서 용기 내는 방법을 스스로 알아서 찾는다.

이 책 한 권을 다 읽고 나면, "넌 그 자체로 소중한 존재야!"라고 아이에게 말해주자. 엄마의 말은 아이가 어떤 경우에도 흔들림 없이 자신의 가치를 믿을 수 있는 힘이다.

산에 피어도 꽃이고 들에 피어도 꽃이고
길가에 피어도 꽃이고 모두 다 꽃이야
아무 데나 피어도 생긴 대로 피어도
이름 없이 피어도 모두 다 꽃이야

'모두 다 꽃이야'라는 동요의 가사다. 어디에 피어도 아이는 이미 소중한 꽃이다. 지금 이대로 귀한 존재다. 이 노래를 들려주며 아이에게 한 번 더 아이 그 자체의 소중함을 일깨워주자. "넌 엄마에게 장미야! 세상에서 가장 아름다우니까!"처럼 우리 아이가 어떤 꽃인지도 말해주고, 스스로 꽃에 비유하게 해봐도 좋다. 이 활동은 아이가 자신의 어깨를 으쓱거리며 셀프 칭찬을 하는 것 이상의 효과를 가져다준다.

만약 시간이 허락한다면 《민들레는 민들레》《강아지똥》《발레리나 벨린다》도 이 책에 이어서 읽어주면 감동 가득한 책 읽기가 보장된다.

《바보 빅터》 질문대화 독서법

빅터의 행동과 마음에 대한 이야기를 나누면서, '나'와 자연스럽게 비교할 수 있도록 유도하며 읽어보자.

❶ 책 읽기 전, 아이의 신뢰도 테스트해보기
★ 축구경기의 대진표처럼 9칸을 만든다.
★ 첫 번째 칸은 결승으로 가는 부전승 칸이다. 여기에는 아이의 이름을 적는다.
★ 8칸에는 아이 주변 인물들의 이름을 쓴다.
★ 둘 중 한 사람을 선택해 위 칸으로 올린다.
★ 선택한 이유를 말하면서 진행하면 대상에 대한 아이의 생각까지 알 수 있다.

❷ 책 읽으며 질문 만들고 대화하기
"빅터는 왜 스스로를 바보라고 생각했을까?"
"빅터를 진짜 바보로 만든 사람은 누구였을까?"
"다른 사람 말에 흔들리지 않으려면 어떻게 하면 될까?"
"자신을 믿고 존중하는 방법에는 어떤 것들이 있을까?"

❸ 나의 경험 말하기
"나는 누군가의 말을 믿고 한 선택을 후회한 적이 있을까?"

❹ '모두 다 꽃이야' 동요 들려주기
★ 동요를 듣고 '나'는 어떤 꽃인지 이유와 함께 말한다.
"나는 민들레꽃이야. 어디든 훨훨 날아가서 소중한 생명을 피우니까. 난 사람의 심장처럼 소중해."

꿈이 없는 아이,
꿈 제대로 키우기

질문을 품지 않으면 그냥 살아지는 대로 살게 된다.
질문이 아이의 빛나는 꿈을 키운다.

되고 싶은
꿈이 없다고?

"미래에 뭔가 되어 있지 않을까요? 생각이 안 나요."
"돈 많이 벌어 부자가 되려고요."
"지금은 그냥 공부만 열심히 할 거예요."

"꿈이 뭐야?"라는 질문에 중등 1학년 아이들이 대답했다. 아이들은 직업군을 나열하기조차 힘들어 한다. 초등 때만 하더라도 대통령, 의사, 축구선수, 탐험가, 연예인처럼 막연하지만 되고 싶은 꿈이 있었다. 하지만 아이들은 점점 꿈을 잃어간다.

다시 꿈을 꾸려면 어떡해야 할까? 소설가 앙드레 말로는 "오랫동안 꿈을 간직한 사람은 마침내 그 꿈을 닮아간다"고 말했다. 꿈을 이루려면 먼저 마음속에 꿈을 품어야 한다. 가슴으로 나의 꿈을 느끼고 있어야 한다. 아이가 가슴 두근거림을 느낄 수 있도록 '알아차림'의 계기를 마련하면 오래전 가졌던 꿈이 다시 살아난다.

⭐ 🌈 질문을 품을 때 빛나는 아이의 꿈

내 꿈에 어떤 가치를 담을까? 질문은 아이가 자신의 꿈을 깨우고 빛나게 만드는 의지다. 《릴리에게, 할아버지가》의 저자 앨런 맥팔레인은 "우리는 나이 들수록 의문을 품지 않고 질문하지 않는 경향이 있다. 그러면 살아가는 것이 아니라 그냥 살아지게 된다"라고 하면서 끊임없이 자신에게 물어야 한다고 했다.

질문은 내가 놓치고 있는 것을 깨닫게 한다. 삶의 소중한 가치를 깨워 나의 방향을 알려준다.

"선생님, 왜 우리는 꼭 후회를 경험해야 잘못했다는 것을 알게 될까요?"

톨스토이의 단편《세 가지 질문》을 읽었을 때 근호가 한 질문이다. 근호는 중등 2학년의 나이이지만 학교에 다니지 않는다. 근호는 조금 무거운 실수를 저지르고 청소년 쉼터에서 따끔한 반성의 시간을 가지는 중이다.

"예전에 저는 많이 이기적인 사람이었던 것 같아요. 자유롭게 살고 싶다는 생각에 그저 제가 하고 싶은 대로만 행동했어요. 그런데 그건 진짜 자유가 아니었어요. 남에게 피해를 주며 아무렇게나 살았어요. 그래서 여기 와 있기도 하고요. 자유는 나에게 허락된 지금을 값지게 사용하는 것이란 걸 이제 알았어요. 좀 부끄럽지만 지금부터 검정고시 열심히 준비해서 저도 대학교에 가보고 싶어졌어요."

근호는《세 가지 질문》을 읽은 후 가장 인상 깊은 구절로 '오직 지금 이 순간만이 우리가 마음대로 다룰 수 있는 유일한 시간이오'를 뽑았다. 그리고 자신의 상황을 돌아보며 '지금'이라는 시간에 대해 질문을 품었다. 근호는 '후회' '자유' '가치'라는 단어를 떠올리며 현재를 고민하고 앞으로 어떻게 살아갈지를 가슴에 담았다.

꿈은 근호처럼 '지금'을 인식하는 데서 출발한다. 톨스토이는 "작은 변화가 일어날 때 진정한 삶을 살게 된다"고 말했다. '질문'이 지금의 나를 알아차리게 하는 작은 변화다. 질문을 가슴에 품을 때 아이의 삶은 깨어나기 시작한다.

아이의 빛나는 꿈을 깨워주는 책

《세 가지 질문》
존 무스 글·그림, 김연수 옮김, 달리

그림책《세 가지 질문》의 원작은 러시아 대문호 톨스토이의 단편 《세 가지 질문》이다. 그림책《세 가지 질문》은 원작을 바탕으로 미국의 그림책 작가 존 무스가 어린 독자층을 위해 재구성해 만들었다.

이 작품은 시사주간지〈뉴욕 타임스〉로부터 '소리 없이 삶을 변화시킨다'라는 우수한 평을 받은 그림책이기도 하다.

"가장 중요한 때는 언제일까?"
"가장 중요한 사람은 누구일까?"
"가장 중요한 일은 무엇일까?"

이 책에는 3가지 질문이 나온다. 조금 무거운 질문일 수도 있지만 아이들은 생각보다 즐겁게 대답한다. '맛있는 것 먹을 때' '놀 때'가 가장 중요한 때라고 말하는 아이도 있고, '할머니' '친구'가 자신에게 가장 중요한 사람이라고 말하는 아이도 있고, '생일파티'

'축구경기' '공부'가 가장 중요한 일이라고 말하는 아이도 있다.

이 책을 읽기 전에 먼저 3가지 질문부터 던지면 즐거운 분위기 속에서 아이들 나름의 관심사를 들을 수 있다. 친구들 이야기에 공감하면서 자신에게 집중하는 시간을 가질 수 있다.

주인공 니콜라이가 거북이 레오를 찾아가 해답을 찾는 과정을 지켜보면서 아이들은 조금씩 진지해진다. "하루하루 지나가는 시간을 붙잡는 방법은 무엇일까요?"처럼 '지금'이라는 시간에 대해 인식한다. 그리고 행복하게 살기 위해서는 그냥 살아지는 대로가 아니라 소중한 사람과 함께 의미 있는 오늘을 살아야 한다는 것을 깨닫는다. 아이들은 '타인'을 위한 일이 결국 '나'를 위한 일이란 것을 알게 된다.

이 책을 다 읽고 나면 '나에게 던지는 질문 3가지'를 만들어보자. 이 질문이 아이의 이정표가 되어준다.

"나는 지금 기쁠까?"
"너 지금 욕심 부리고 있니?"
"네가 진짜 원하는 것은 뭐니?"

아이들은 자신이 원하는 방향으로 잘 걸어갈 수 있도록 힘들 때 자기에게 이 질문을 던지고 싶다고 했다. 질문이 아이 인생의 좌우명이 된 셈이다.

《세 가지 질문》은 잠자던 아이의 일상을 깨워 삶의 소중함을 발견해준다. 그리고 아이가 앞으로 살아갈 방향과 기준을 설정해준다. '지금'이라는 소중함이 아이 스스로 자기 안의 보석을 발견할 수 있게 한다.

《세 가지 질문》 질문대화 독서법

아이의 내면에는 이미 빛나는 꿈이 있다. 스스로를 빛나는 보석으로 만들려면 인식이 먼저다. 이 책을 읽는 동안 '지금'이 중요하다는 것을 알아차리도록 도와주자.

❶ 책 읽기 전, 3가지 질문에 대답하기

"가장 중요한 때는 언제일까?"

"가장 중요한 사람은 누구일까?"

"가장 중요한 일은 무엇일까?"

❷ 책 읽으며 질문 만들기

"니콜라이는 왜 레오 할아버지를 찾아갔을까?"

"니콜라이는 왜 판다를 도와줬을까?"

"지금이 가장 중요한 이유는 무엇일까?"

❸ 아이들이 놓친 이야기에 질문 더하기

"친구들이 니콜라이를 찾아 와준 이유는 무엇일까?"

"연을 날릴 때 니콜라이의 기분은 어땠을까?"

"너에게 지금이란?"

초5 : "지금이란 토마토 새싹이다. 왜냐하면 토마토는 내가 아껴
　　　주는 만큼 무럭무럭 자라기 때문이다."

❹ '나에게 던지는 질문 3가지' 만들기

★ 인생의 좌우명을 질문으로 만든다.

★ 아이들 질문 예시

　초등 : "키는 크고 있니?"

　　　　"친구와 사이좋게 지내고 있니?"

　　　　"숙제는 다했니?"

　중등 : "책은 좀 읽었어?"

　　　　"아침은 먹었어?"

　　　　"네가 진짜 하고 싶은 건 뭐야?"

　고등 : "지금이 나의 한계점일까?"

　　　　"나는 나를 믿고 있을까?"

　　　　"나를 웃게 하는 것은 무엇일까?"

자존감이라는
행복한 무기

자존감은 내 아이의 인생을 바꾸는 행복한 무기다. 아이의 행복지수는 자존감이 결정한다.

"메뚜기가 용기 내어 자기 날개로 날갯짓 했을 때 어떤 기분이었을까?"

초등 2학년 지연이가 다시마 세이조의 그림책 《뛰어라 메뚜기》

를 읽고 만든 질문이다.

지연이는 말을 할 때 친구들의 눈치를 많이 본다. 친구들이 핀잔주고 싫은 소리를 할까봐 항상 긴장한다. 지연이는 친구들에게 자기의 의견을 제대로 말해본 적이 없다.

그래서 책 속 메뚜기의 용기가 부럽다. 메뚜기도 처음에는 무서운 동물에게 잡아먹힐까봐 수풀 속에 꽁꽁 숨어 살았다. 자신에게 멋진 날개가 있다는 것조차 잊은 채 두려움에 떨며 산다. 그러던 어느 날 메뚜기는 용기를 내기 시작한다. 비록 두렵고 서툴지만 감춰져 있던 날개를 활짝 펼쳐 하늘 위로 날아오른다.

지연이는 메뚜기의 모습을 지켜보고 한참을 생각한 뒤 이 질문을 만들었다. 메뚜기의 기분에 빗대어 자신도 메뚜기처럼 기쁜 마음을 느껴보고 싶다고 말했다.

"두려움을 떨쳐내고 자기가 가고 싶은 대로 날아가는 메뚜기처럼 저도 기쁨을 느끼고 싶어요. 친구들 앞에서 긴장될 때는 메뚜기를 떠올리며 '혼자서도 잘 할 수 있다'는 용기의 마음을 가져볼 거예요"

지연이는 메뚜기를 보며 스스로 힘을 냈다. 정신분석학자 에리히 프롬은 "자신을 신뢰할 수 있는 아이는 자신이 바라는 대로 살 수 있다"고 말한다. 지금 지연이는 초등 5학년 전교부회장이다. 에리히 프롬의 말처럼 자신의 가치를 믿고 스스로 힘을 키웠던 지연이는 누구보다 씩씩하게 학교생활을 하고 있다.

✦ '나는 나답게'의 가치

"틀린 삶은 없다. 서로 다를 뿐이다."

동화작가 이현이 했던 말이다. 얼룩말은 얼룩말답게, 이구아나는 이구아나답게, 그리고 사람은 사람답게. 우리는 저마다 저답게 열심히 살고 있다. 그냥 나로 나답게.

왜 사자를 초원의 왕이라 할까? 이현의 장편동화《푸른 사자 와니니》에는 무리를 위해 싸우다 죽는 사자 아산테가 등장한다. 비록 몇 마리 안 되는 자신의 무리지만 죽는 순간 그는 명예로운 것이 무엇인지 깨닫는다. 그리고 그는 자신의 죽음을 슬퍼하는 친구들을 오히려 위로한다. 사자보다 코끼리가 훨씬 거대하고, 코뿔소가 더 힘이 세고, 하마가 더 포악하다. 그런데도 사자를 초원의 왕이라 하는 이유는 사자는 살기 위해서가 아니라 명예를 위해 목숨을 걸기 때문이란다. 사자는 명예를 위해 싸우는 족속이기 때문에 다른 동물들도 사자를 왕으로 인정한다.

아산테는 우두머리도 아니었고, 자신의 영토도 없이 힘들게 살았지만 죽음 앞에 후회 없다. 아산테는 그냥 사자 그 자체로 충분했다.

"나답게 산다는 건 무엇일까?"

초등 6학년 정윤이가 아산테를 보며 이렇게 질문했다. 남들이 《푸른 사자 와니니》의 주인공 와니니에 대해 질문할 때 정윤이는 아산테에게 더 관심을 가졌다. 공부를 꽤 잘하는 편인 정윤이는 완벽한 오빠로 인해 아버지께 인정을 받아본 적이 없다. 늘 비교 당하기만 해서 자괴감까지 느끼는 아이다. 수학 시험에서 95점을 받았을 때 아버지는 "오빠는 100점인데 넌 왜 틀린 문제가 있어!" 라고 꾸지람하신다. 오빠를 닮고 싶어 열심히 노력해도 언제나 아버지의 비교에 정윤이는 힘이 빠져 있다. 이런 정윤이가 아산테를 보며 말했다.

"100점이 아니어도 95점 받은 나도 열심히 노력해서 얻은 결과니까 값진 것 아닐까요? 만약 내가 빵점을 받아도 내가 없어지는 건 아니죠? 나는 그대로 있죠? 오빠는 오빠고 나는 나니까요!"

정윤이는 와니니 곁에 있는 아산테의 죽음을 보며 나답게 살아가는 것이 무엇인지 느꼈다. 그리고 마음에 힘을 얻었다.

헬렌 켈러는 "태양을 볼 수 있는 사람은 행복하고 태양을 볼 수 없는 사람이 불행한 것은 아니다. 중요한 것은 마음이다"라고 말했다. 행복은 나의 마음에서 시작된다. 아산테처럼 그냥 '나'로 스스로 명예를 만들며 살면 된다. 정윤이는 정윤이답게 '나 그 자체'로 사는 것이 가장 근사한 삶이다.

나다운 가치를 높이는 책

《조랑말과 나》
홍그림 글, 이야기꽃

《조랑말과 나》에 나오는 아이는 신기할 정도로 의지가 강한 인물이다. 자신의 조랑말을 절대 포기하지 않는 아이의 끈기와 책임감이 많은 생각을 하게 만든다.

《조랑말과 나》에 등장하는 주인공 아이는 조랑말을 키운다. 아이에게 있어 조랑말은 세상에서 둘도 없는 친구다. 함께 책을 읽고, 함께 산책하고, 같이 잠도 잔다. 어느 날 둘은 여행을 떠난다. 조랑말과 함께라면 아이는 마냥 즐겁다.

그런데 갑자기 이상한 녀석이 나타난다. 이상한 녀석은 조랑말을 망가뜨린다. 아이는 당황스럽지만 침착하게 조랑말을 꿰매고 다시 여행을 떠난다. 가는 길마다 이상한 녀석들이 나타나 조랑말을 박살내고 해체시킨다. 그럼에도 아이는 꿋꿋하게 자신의 조랑말을 붙이고 싸매고 더 단단하게 고친다. 아이는 끝까지 조랑말을 포기하지 않고 함께 여행을 떠난다.

"이상한 녀석은 누구일까?"

"왜 아이는 조랑말을 포기하지 않고 계속 데리고 갔을까?"

"조랑말은 아이에게 어떤 의미일까?"

"나에게도 포기할 수 없는 조랑말과 같은 존재가 있을까?"

"나에게 이상한 녀석은 어떤 것들일까?"

이 책을 읽는 동안 궁금증을 유발하는 장면들이 많이 나온다. 아이들은 이 부분을 놓치지 않고 질문한다. "아이는 왜 끝까지 조랑말을 포기하지 않았을까?" "나에게도 포기할 수 없는 것이 있을까?" 서로서로 질문을 하고 이야기하다 보면 아이들은 '절대 포기하지 않는 조랑말이 혹시 나 자신일까?'라는 이 책의 핵심적인 의미를 찾아낸다.

이 책의 마지막 면지를 보면 여러 명의 아이가 등장한다. 아이들은 저마다 자기만의 동물을 한 마리씩 키운다. 얼룩말, 거북이, 기린 등. 아이들과 함께 걸어가는 동물들도 모두 조랑말처럼 상처가 있다. 그럼에도 동물들과 아이들은 모두 씩씩하게 웃으며 당당하게 걷고 있다.

동물들은 아이에게 어떤 의미일까? 각자의 동물은 우리 아이 마음에서 크고 있는 내면의 자아다. 힘들어도 절대 포기할 수 없는 '나 자신'이다. 상처가 생길수록 더 단단해지는 나의 내면의 짝이다.

작품 속의 조랑말은 처음 네 발로 걷다가 이상한 녀석을 만날

수록 점점 두 발로 선다. 우리 아이가 고난과 역경을 겪어낼수록 더 단단해지는 것처럼 각자의 동물은 나를 강하게 만드는 내면의 에너지다.

우리 아이에게도 절대 포기할 수 없는 것이 있다. "너도 아이와 조랑말처럼 포기하지 않고 끈기를 빛낸 적 있어?"라고 묻고 아이의 마음을 들어보자. 혹시 아이가 자신의 힘을 잊고 있더라도 질문으로 상기시켜줄 수 있다. 자기 안에 잠들어 있는 마음이 단단해질 수 있도록 아이의 의지를 찾아주자.

더 재미있게 읽을 수 있는 활용법을 참고해 동물 찾기 놀이, 가치미덕 찾기를 하면서 즐겁게 읽기만 해도 아이는 자존감이 높아진다.

■ 《조랑말과 나》 질문대화 독서법

이 책을 읽기 전, 놀이부터 해보자. 아이가 자신과 닮은 동물을 찾는 동안 자기 마음을 들여다 보기 때문에 내면의 에너지를 찾기 수월해진다.

❶ 책 읽기 전, 나와 닮은 동물 찾기 놀이

★ 다양한 동물 사진을 준비한다.

★ 마음에 드는 동물 또는 나와 어울리는 동물을 고른다.

★ 동물을 선택한 이유를 말한다.

예시: "내가 고른 동물은 새야. 왜냐하면 키가 작아서 평소에 높은 하늘을 날고 싶다는 생각을 많이 했거든."

❷ 표지의 조랑말과 아이 표정 자세히 보기

"왜 웃고 있을까?"

"어떤 사이일까?"

❸ 면지에서 아이와 조랑말이 어떻게 시간을 보내는지 자세히 보기

❹ 내용 읽으며 질문하기

"이상한 녀석은 왜 조랑말을 망가뜨릴까?"

"이상한 녀석은 누구일까?"

"아이는 이상한 녀석이 무섭지 않았을까?"

"조랑말은 아이에게 어떤 존재일까?"

❺ 부모님이 질문 더해주기

"왜 아이는 포기하지 않았을까?"

"네게도 포기할 수 없는 조랑말과 같은 존재가 있어?"

"조랑말은 왜 네 발로 걸어가다가 두 발로 걸어갈까?"

❻ 절대 포기할 수 없는 나의 가치(미덕) 찾기

"주인공처럼 너는 언제, 어떤 마음을 빛냈었어?"

용기: "힘든 일이 생길 때 '나는 할 수 있다'는 용기의 마음을 가졌어요." (127쪽에 나오는 '미덕'을 활용해서 가치미덕을 찾으면 쉽게 활동할 수 있다.)

매일 20분 책 읽기로
아이의 인성을
키울 수 있다

"마음에게도 밥을 주나요?"

"마음도 밥을 주면 쑥쑥 자란단다."

아이들은 하루에도 몇 번씩 좋은 마음과 나쁜 마음의 딜레마 속에서

좋은 마음을 꺼내려고 밥을 주고 있으면서 인식하지 못한다.

아이가 자신의 노력을 알아차리기만 해도

내면의 가치를 빛내려는 의지는 강해진다.

OPEN BOOK!

화가 나면
폭력적인 아이가 돼요

아이의 공격성은 소외된 마음에서 시작된다.
부모와 아이 사이의 믿음이 아이의 행동패턴을 바꾼다.

야단맞는
아이의 마음

'혼나지 안케 해 주세요.'

매일 야단맞는 아이의 소원이다. 아이는 혼자서 이렇게 생각한다. '어제도 혼났고… 오늘도 혼나고… 틀림없이 내일도 혼나겠지….'

아이는 엄마도, 선생님도, 친구들도, 동생도 자기만 보면 늘 화난 얼굴이라 속상하다. 아이는 동생과 놀아주려고 했는데 동생이 울음을 터트려 화가 났을 뿐이다. 친구들과 함께 축구를 하고 싶었는데 끼워주지 않아 주먹을 한 방 먹였다. 엄마와 선생님은 사실대로 말할 땐 대꾸한다고 더 많이 화를 낸다. 아이는 모두가 자신의 마음을 몰라주는 속상함 때문에 화가 더 많이 난다.

구스노키 시게노리의 그림책 《혼나지 않게 해 주세요》를 읽고 초등 4학년 혁이가 입을 열었다. 자기 마음과 주인공의 마음이 똑 닮았단다.

혁이는 폭력적인 아이다. 거친 말과 행동은 모두의 야단을 부른다. 심지어 친구들은 이제 혁이와 놀아주지도 않는다. 늘 혼자인 혁이는 속상한 마음을 욕설과 폭력으로 표현할 뿐이다. 마음의 문이 완전히 닫혔던 혁이가 《혼나지 않게 해 주세요》를 읽고 처음으로 속마음을 표현했다.

"어떻게 하면 혼나지 않을까?"
"어떻게 하면 칭찬받을 수 있을까?"
"나는… 나쁜 아이일까?"

혁이도 주인공처럼 늘 이 생각을 했단다. 그런데 자신을 혼내는 사람들은 마음을 묻기 전에 무서운 얼굴과 목소리로 야단만 친다고 속상해 했다. <u>혁이의 난폭함은 억울한 마음을 알아달라는 몸짓이었다.</u>

아이의 억압과 스트레스 풀어주기

어떡하면 혁이 마음을 제대로 알아줄 수 있을까? 혼만 나는 아이는 혁이처럼 오히려 마음의 문이 닫힌다. 사랑받은 아이가 사랑을 나눌 줄 아는 것처럼 상처받은 아이는 누군가에게 상처를 줄 수밖에 없다.

데이비드 호킨스 박사가 《의식 혁명》에서 말한 것처럼, 어른들의 무서운 목소리와 표정은 아이의 무의식에 그대로 저장되어 아이의 행동을 지배한다. 아이를 혹독하게 혼낼수록 아이도 친구들에게 똑같이 행동하게 된다. 이런 이유로 호킨스 박사는 아이의 무의식에 긍정에너지를 담으라고 말한다. 아이를 혼내지 않고도 서로가 원하는 좋은 결과를 얻을 수 있다. 혁이의 마음을 웃음으로 채울 수 있는 방법은 의외로 간단하다.

"나도 가시 옷을 입고 있을까?"
"나도 가시를 뺄 수 있을까?"

권자경의 그림책 《가시 소년》을 읽었을 때 혁이가 만든 질문이다. 《혼나지 않게 해 주세요》로 마음의 문을 연 혁이가 《가시 소년》을 읽고 자신의 행동을 반성하는 질문을 했다.

"내 몸에 가시가 있는 줄 저는 몰랐어요. 친구들이 나를 피하는 이유를 이제는 알 것 같아요. 저도 내 몸의 가시를 빨리 빼고 웃고 싶어요."

친구를 괴롭힐 때마다 몸에 가시가 점점 돋아나는 가시소년을 보며 혁이가 자신의 행동을 떠올렸다. 혁이는 온몸에 난 가시가 결국 자기 자신도 상처 낸다는 사실을 깨닫고 하루빨리 가시를 뽑고 싶다고 말한다. 혁이는 '앞으로 어떻게 가시를 뽑을까?'를 고민하면서 자기 몸의 가시 때문에 친구들이 아팠을 거라며 너무 미안하단다.

조금 어긋난 방향으로 갔던 혁이지만 지금 스스로 노력하고 있다. 자신의 그릇에 좋은 것만 담으려고 실천 중이다. 이 책을 읽으며 한 걸음 한 걸음 성장하고 있다.

혁이처럼 조금은 난폭한 아이가 있다면 《가시 소년》을 가운데 두고 서로의 마음을 조금씩 열어보기를 추천한다. 《혼나지 않게 해 주세요》로 아이 마음에 공감하고, 《가시 소년》으로 아이 스스로 자신을 돌아볼 계기를 마련하면 웃음을 찾아가는 우리 아이를 만날 수 있을 것이다.

아이의 억압과 스트레스를 풀어주는 책

《나쁜 씨앗》
조리 존 글, 피트 오즈월드 그림,
김경희 옮김, 길벗어린이

《나쁜 씨앗》은 아이 내면의 부정적 감정을 긍정의 힘으로 바꿔주는 작품이다. 아이에게는 스스로 내적 동기를 유발해 자존감을 찾도록 도와주고, 엄마에게는 아이 행동 뒤에 숨겨진 진심을 들여다볼 수 있는 좋은 기회를 가져다준다. 나쁜 씨앗의 행동은 엄마와 아이 사이에 감정의 연결고리를 만들어 짓눌린 마음을 풀어준다.

"난 삐뚤어져버린 거야!"
"왜 그러냐고?"
"내 안에 무언가 달라진 바로 그때부터였어."

《나쁜 씨앗》의 나쁜 씨앗은 혼자가 되면서 삐뚤이가 되기로 결심한다. 마트 카트기를 주차장 가운데 두고, 새치기는 기본, 아이를 보면 울리고 싶고 나쁜 짓만 골라한다. 나쁜 씨앗은 그저 일부러 친구들을 괴롭힌다. 하지만 나쁜 씨앗의 나쁜 행동은 계기가 있다.

혼자가 된 외롭고 두려운 마음이 씨앗을 삐뚤어지게 만들었다.

다소 폭력적인 아이들도 나쁜 씨앗처럼 삐뚤이가 될 수밖에 없는 이유가 있다. 아이의 분노와 공격성은 외롭고 우울한 감정, 두렵고 불안한 마음에서부터 시작된다. 부정적 감정 덩어리가 아이를 압박하면 아이는 생각할 힘을 잃게 된다. 내면에 고착된 부정적인 감정들이 클수록 아이는 점점 더 거칠어지게 된다.

혁이가 이 책을 읽고 질문했다.

"선생님, 저는 어떤 씨앗일까요?"

"어떤 씨앗일 것 같아?"

"쭈글쭈글 말라 있는 대추 같아요."

"왜 대추라고 생각했어?"

"엄마가 혼낼 때 쭈글쭈글하게 변하는 제 기분이 대추랑 닮아서요."

혁이는 동생 때문에 매일 혼이 난다. 그럴 때는 동생을 때리고 싶거나 일부러 엄마에게 반항하고 싶어진단다. 자기가 잘못한 것이 아닌데도 동생이 울면 엄마는 혁이만 야단친다고 한다. 일곱 살 여동생은 가끔 혁이의 숙제노트도 찢어놓고, 아끼는 물건을 부순다. 이럴 때 화를 내면 동생은 울고, 엄마는 혁이만 혼낸다.

속상한 상황이 반복될수록 엄마가 자기 마음을 몰라주는 것 같아 일부러 더 반항했는데, 그럴수록 엄마는 "도대체 너는 뭐가 문제인 거야?" "혼을 내도 듣지 않고 너 때문에 돌아버릴 것 같아!"라는 말까지 한단다. 혁이는 한 번도 엄마에게 속상한 진심을 말해본 적이 없는데, 이제는 마음이 쭈글쭈글 대추처럼 아예 말라버렸다고 한다.

혁이는 나쁜 씨앗이 거울로 자신의 삐뚤어진 모습을 바라본 것처럼 "오늘은 거울을 봐야겠어요"라고 했다. 거울을 보고 상처 난 마음과 행동에 스스로 밴드를 붙여보고 싶다고 말했다. 혁이의 진심을 들은 뒤, 장석주의 그림책《대추 한 알》을 연이어 읽어주었다.

저게 저절로 붉어질 리는 없다
저 안에 태풍 몇 개
저 안에 천둥 몇 개
저 안에 벼락 몇 개
저게 저 혼자 붉어질 리 없다
··· (이하 생략)

다 듣고 난 뒤 혁이는 자기의 쭈글쭈글 구겨진 대추가 멋진 씨앗이 될 수도 있겠다며 수줍은 미소를 지었다. 혁이는 장석주의 대추처럼 푸르고 붉은 대추 열매를 맺을 수 있는 씨앗이다.

혁이가 세 권의 책을 읽고 마음의 문을 연 이유는 누군가 혁이의 진심을 들어주었기 때문이다. 혁이가 자신의 모습을 떠올렸을 때 따뜻한 시선으로 바라봐주었기 때문이다.

독일의 뇌과학자 게랄트 휘터는 아이가 분노하거나 공격성을 보일 때는 무엇보다 서로에게 믿음을 갖게 하라고 말한다. 아이와 생각과 감정, 행동을 교류할 때 생기는 믿음으로 아이의 행동패턴을 바꿀 수 있다고 한다. 혁이가 탐스러운 대추알로 무르익을 수 있게 엄마가 햇볕도 되어주고, 바람과 빗물도 되어주자.

《나쁜 씨앗》 질문대화 독서법

이 책을 읽으며 아이의 내적 동기를 위해 나쁜 씨앗의 행동과 감정을 중심으로 이야기를 나누자. 엄마가 나쁜 씨앗의 행동에 공감하고 이해하는 표현까지 곁들이면 아이는 자기가 이해받는다고 생각한다.

❶ 표지를 보며 나쁜 씨앗의 마음과 행동 짐작하기

"어떤 씨앗일까?"

"왜 밴드를 붙이고 있을까?"

"왜 기분이 나빠졌을까?"

❷ 면지의 씨앗 이름 맞추기

❸ 책 읽으며 질문과 대화하기

"친구들에게 손가락질 당할 때 나쁜 씨앗의 기분은 어땠을까?"

"거울을 보고 어떤 결심을 했을까?"

"나쁜 씨앗은 왜 처음과 나중에 표정이 달라졌을까?"

❹ 아이의 마음에 질문하고 공감하기

"엄마도 너의 마음을 몰라줬던 때가 있었지? 언제야?"

"넌 어떤 씨앗인 것 같아?"

"어떤 꽃을 피우는 씨앗이 되고 싶어?"

거짓말을
쉽게 해요

거짓말은 아이의 이유 있는 필살기다.
거짓말을 할 수밖에 없는 아이의 마음을 먼저 들여다보자.

거짓말 잘하는 아이와
그렇지 않은 아이

"왜 거짓말을 하면 안 될까?" vs "왜 거짓말을 했을까?"

카트린 그리브의 그림책 《거짓말》을 읽었을 때 승민이와 친구들이 한 질문이다. 친구들 모두 "왜 거짓말을 했을까?"라는 질문을 할 때 승민이는 "왜 거짓말을 하면 안 될까?"라는 질문을 했다. 두 질문은 어떤 차이점이 있을까?

　"왜 거짓말을 했을까"라는 친구들의 질문에는 거짓말을 하면 안 된다는 의미가 전제되어 있고, "왜 거짓말을 하면 안 될까"라는 승민이의 질문에는 거짓말을 해도 된다는 의도가 전제되어 있다. 질문 뒤에는 질문자의 의도가 숨어 있다.

대부분의 아이들은 거짓말 한 주인공의 마음에 공감하며 "진실을 말할 용기는 어디서 나왔을까"처럼 거짓말과 진실에 대해 이야기한다. 그런데 승민이는 거짓말을 해도 상관없다고 말했다. 같은 책을 읽었는데 거짓말에 대한 승민이의 관점은 조금 달랐다.

"승민이는 왜 이 질문을 만들었어?"

"혼이 안 나려면 거짓말을 해야 하니까요! 우리 엄마는 매를 들고 뛰어와요. 잡히면 죽어요."

승민이는 거짓말이 일상이 됐다. 거짓말이 엄마의 야단을 벗어나기 위한 필살기인데, 그마저 들키면 도망 다니기 바쁘다.

승민이를 이렇게 만든 원인은 무엇일까? 미국 교육사회학 저널에서 거짓말에 대한 연구 결과를 밝힌 하츠혼과 그의 연구팀에 따르면 거짓말을 하는 아이들은 주로 난폭하고 공격적인 행동을 한다. 이런 아이들은 자신의 환경에 적응하기 위해 거짓말을 수단으로 사용한다. 승민이의 거짓말 습관은 살아남기 위한 자기만의 방법이었다. 분명 승민이의 거짓말은 잘못된 행동이지만 승민이만을 탓할 수는 없다.

진실을 말할 용기

아이가 거짓말했을 때 어른들이 방향을 살짝 바꾸면 아이는 진실을 말한다. 아이가 진실을 말할 용기는 부모의 대처에서 시작된다.

"자전거가 차를 긁어 마음이 좋지 않지만, 네가 진실을 이야기해줘서 엄마는 기뻐."

팀 합굿의 그림책 《거짓말하고 싶을 때》에서 아서가 용기 내어 진실을 말했을 때 엄마의 대답이다.

아서는 몰래 형의 자전거를 타다가 엄마 차에 흠집을 내고 만다. 아서는 엄마에게 혼날까봐 진실을 숨기기로 한다. 들키지 않으려고 그럴싸한 거짓말을 지어낼 때마다 아서는 마음이 불편하다. 꽤 오랫동안 망설이던 아서는 불편한 마음이 커져서 오히려 걱정이다. 그래서 아서는 사실대로 말하기로 결심한다.

아서의 이야기를 들은 엄마는 속상해서 화가 난다. 하지만 승민이 엄마처럼 과격하게 혼내지 않고, 아서가 진실을 말해준 행위에 초점을 맞추어 대답한다. 형의 자전거를 몰래 탔거나 차에 흠집을 낸 아서의 잘못보다 진실을 말해준 행동에 대해 말한다.

엄마의 이야기를 들은 아서는 어떤 생각을 했을까? 아서는 엄마의 대답을 듣고 마음이 편안해졌다. 솔직하게 말하길 잘했다고 생각한다. 그리고 다시는 형의 자전거를 몰래 타지 않았고, 엄마 차 가까이에서 놀지도 않았다. 스스로 자신의 행동을 절제했다.

심리학자들은 거짓말할 때 아이의 잘못된 원인만 보거나 처벌의 강도가 강할수록 오히려 다음에도 거짓말할 확률이 높아진다고 말한다. 아이들은 자신이 잘못을 하면 무엇을 잘못했는지 다 안다. 다만 솔직하게 말할 용기가 나지 않을 뿐이다.

진실을 말할 용기를 주는 책

《거짓말》
카트린 그리브 글, 프레데리크 베르트랑
그림, 권지현 옮김, 씨드북

거짓말을 안 해본 아이가 있을까? 무심코 툭 튀어나와 했든, 의도적으로 했든 거짓말은 아이들의 자연스러운 행동이다. 이 작품은 누구나 하는 거짓말이지만 거짓말했을 때 왜 진실을 말해야 하는가를 알려주고 있다. 아이가 거짓말할 때 어떤 감정을 느끼는지, 감정의 무게는 어떻게 변해가는지를 보여줌으로써 진실을 말할 용기를 갖게 한다.

《거짓말》에 등장하는 아이는 무심코 거짓말을 하게 된다. 그런데 한번 뱉은 거짓말은 사라지지 않고 빨간 점이 되어 아이를 따라다닌다. 처음에 아주 작았던 점은 아이가 또 다른 거짓말로 숨길수록 점점 더 커진다. 감당할 수 없을 정도로 부푼 빨간 점은 밥을 먹을 때도, 세수를 할 때도 아이를 따라다닌다. 빨간 점의 크기만큼 아이의 마음은 괴롭다. 마침내 아이는 자신의 거짓말을 솔직하게 말할 용기를 낸다.

아이들은 이 책을 읽으면서 거짓말에 대한 내적 갈등에 공감하고, 스스로 자신의 잘못에 대한 문제를 인식한다. 주인공의 용기에 이 책을 읽는 아이들도 마음의 힘을 얻게 된다. 이때 엄마의 역할이 중요하다. 엄마는 아이의 용기를 꼭 칭찬해주어야 한다. 아서처럼 진실을 말할 용기는 엄마의 대처에서 나온다. 엄마는 아이를 야단맞을 두려움에서 벗어나게 해주어야 한다.

"빨간 점은 거짓말일까요? 아이의 마음일까요?"

《거짓말》을 읽고 승민이가 이렇게 질문했다. 거짓말을 숨기기 위해 또 다른 거짓말을 할 수밖에 없는 주인공을 보면서 빨간 점은 어쩌면 거짓말의 크기만 말하는 것이 아니라 한다. 빨간 점이 커갈수록 아이의 불안함도 커지기 때문에 빨간 점은 아이의 불편한 마음의 크기일 수도 있겠다고 말한다. 자기도 엄마에게 한 번 거짓말을 하니 계속 하게 되었다며, 그때의 불편하고 두려운 마음을 다시는 느끼고 싶지 않다고 했다. 그리고 빨간 점의 불안함 안에는 엄마가 무섭게 혼낼까봐 걱정하는 두려운 마음이 더 크기 때문에 엄마가 화를 조금만 내면 좋겠다고 한다. 승민이는 빨간 점을 감추기보다는 터트려야 무거운 마음이 가벼워진다는 것을 이제는 알 것 같은데 엄마가 다정하게 대해주면 진실을 말할 용기를 낼 수 있겠다고 한다.

승민이는 주인공에게 공감하며 자신이 거짓말할 때의 마음을 솔직하게 표현했다. 셰익스피어는 우리 마음이 준비되었다면 모든 것이 준비된 것이라고 했다. 승민이는 이미 마음의 준비가 끝났다. 앞으로 승민이도《거짓말하고 싶을 때》의 아서처럼 진실을 말할 용기를 낼 수 있다. 승민이 엄마도 아서 엄마가 되어보면 어떨까? 엄마의 포근한 대처가 아이의 두려움을 없애는 용기를 만든다.

《거짓말》 질문대화 독서법

거짓말을 할 수밖에 없는 아이들은 불안과 불편함이 있다. 질문으로 마음을 풀어주고, 칭찬으로 용기를 주면 진실을 말한다.

❶ 표지와 앞 면지의 빨간 점과 마지막 면지의 초록 점 비교하기

"점들이 왜 이렇게 많을까?"

"빨간 점이 왜 초록 색깔로 변했을까?"

❷ 그림과 내용을 보며 아이의 경험을 끌어주는 질문 유도하기

"빨간 점은 왜 아이를 따라다니는 걸까?"

"만약 너라면 빨간 점이 따라다닐 때 어떤 마음이 들까?"

"너는 언제 이런 마음을 느껴봤어?"

"아이는 어떻게 용기 낼 수 있었을까?"

"거짓말을 고백한 지금 아이의 기분은 어떨까?"

❸ 용기 낸 아이에게 칭찬 한마디 하기

★ 127쪽의 '미덕'을 활용하면서 칭찬하기

사랑: "자기 마음을 사랑하고 아끼니까 솔직할 수 있는 것 같아요."

❹ 책을 다 읽고 '나만의 제목' 짓기

'거짓말 터지다' '거짓말 신호등' '빨간 마음 초록 마음'

❺ '풍선 터트리기' 놀이 하기

★ 작은 종이에 고백하지 못했던 거짓말이나 걱정을 적는다.

★ 종이를 살짝 찢어서 풍선에 넣는다.

★ 풍선을 불어 엉덩이로 터트린다. 빨리 터트리는 사람이 이긴다.

★ 걱정이 사라졌음을 알린다.

친구의 물건을
말도 없이 가져와요

도둑질은 다른 사람의 물건만 훔치는 것이 아니다.
그 사람의 행복한 마음까지 훔치는 것이다.

왜 친구의 물건을
가져가는 걸까?

발달심리학자 김경희는 남의 물건을 말도 없이 가져가는 아동기
의 도벽은 사람들의 관심을 끌거나 다른 사람을 괴롭히기 위한 경
우가 일반적이라고 한다.

"그 북극곰 열쇠고리 내 거 아냐?"
"아닌데! 우리 엄마가 사준 건데!"

체육시간을 마치고 교실로 돌아온 채아는 깜짝 놀랐다. 가방 속의 물건들이 몽땅 쏟아져 있었기 때문이다. 체육이 마지막 교시여서 선생님께 제대로 알리지도 못하고 교실에서 나왔다.

하교를 하던 채아는 솔이 가방에서 자기 것과 같은 열쇠고리를 발견했다. 자신의 가방에서 열쇠고리가 없어졌다는 것을 그때서야 알고 솔이에게 물었다. 솔이는 엄마가 사준 것이라며 당당하게 말했다. 그런데 채아는 솔이가 고의로 가져간 것을 알 수 있었다. 언젠가 실수로 자신의 북극곰 열쇠고리에 네임펜 자국을 남겼는데, 솔이의 북극곰 열쇠고리에 까만 자국이 그대로 있었기 때문이다.

솔이는 왜 채아의 열쇠고리를 가져갔을까? 솔이는 자기 마음대로 되지 않을 때 거침없이 친구들에게 소리 지르고 함부로 행동한다. 솔이는 친구가 많이 없는데 가끔 놀던 채아가 놀아주지 않아 가방을 쏟고 열쇠고리를 가져간 것이다. 관심받고 싶었던 솔이의 행동은 둘 사이를 더 멀어지게 했다.

솔이가 초등학교에 입학할 때 동생이 태어나 집에서도 솔이는 늘 혼자 논다고 한다. 직장맘인 엄마와 함께하는 시간이 거의 없다며 선생님이 솔이의 상황을 전해주셨다. 솔이는 사랑이 고픈 것이었다. 열쇠고리를 훔친 것은 솔이의 마음속 결핍이 불러온 결과였다.

도둑질은 모두에게 상처를 남긴다

"도둑질이 왜 나쁜가?

남의 것을 훔치는 게 나쁜 이유는 그 물건이 비싸서만은 아닙니다. 도둑맞은 사람은 속상하고 불쾌한 마음이 들 것입니다. 자신에게 소중한 것일수록 더 그렇겠지요. 누가 훔쳐갔을지 주위 사람을 의심해 볼 테고, 점차 다른 사람을 믿지 못하게 될 것입니다. 사람을 믿지 못하면 어떻게 될까요? 친구 사귀기도 싫고 학교 오기도 싫어지겠지요, 결국 도둑은 다른 사람의 물건만 훔친 게 아니라, 그 사람의 행복한 마음까지도 훔친 것입니다. 이것이야 말로 정말 나쁜 것입니다."

신수현 작가의 장편동화 《빨강 연필》에 나오는 내용이다. 교실에서 수아의 유리천사가 사라진다. 훔쳐간 범인은 하루가 지나도 나타나지 않는다. 선생님은 이 문제를 해결하고자 반 아이들에게 반성하는 의미로 글짓기를 시켰다. 용기가 나지 않아 죄책감에 시달리던 민호가 빨강 연필의 도움으로 쓴 글이다.

솔이와 채아에게 후쿠다 이와오의 그림책 《빨간 매미》를 읽어준 뒤 이 부분까지 읽어주었다. 두 아이 모두에게 상처가 되었던 사건에서 어떤 아이의 마음도 다치지 않고 잘 회복될 수 있게 돕고 싶어서였다. 심리학자들은 상처받은 아이들에게 억압된 감정을 자유

롭게 표출할 수 있는 기회를 제공하라고 한다. 마음속 갈등을 풀어
주고 아픔을 녹여야 새로운 변화를 불러올 수 있다는 이유다.

두 아이에게《빨간 매미》를 읽어줬다. 주인공 이치가 물건을 훔
치고 죄책감을 느끼는 이야기로 솔이에게는 자신에 대한 위로를,
채아에게는 솔이의 마음을 이해할 수 있게 했다.

《빨강 연필》의 이 부분을 함께 읽고, 이 사건은 모두에게 상처
가 된다는 것을 느끼게 했다. 다행히 서로에 대한 부정적 감정을
정화시키고 공감하며 다시 좋은 관계를 맺을 수 있도록 둘만의 시
간을 보냈다.

도둑질에 대해 생각하게 하는 책

《빨간 매미》
후쿠다 이와오 글, 한영 옮김, 책읽는곰

도둑질이 나쁘다는 것을 모르는
아이는 없다. 순간의 잘못된 판단
이 실수를 범하게 한다.

아이가 물건을 훔쳤을 때 심리
학자들은 훔치는 행위에 대해 엄
격한 체벌보다는 마음속 문제를
해결하도록 돕는 것이 먼저라고

말한다. 물건을 훔치고 난 이후 아이의 심리적 불안을 먼저 살피는 것이 좋다.

《빨간 매미》는 동네 문구점에서 지우개를 훔친 뒤 불안과 죄책감, 자기혐오로 괴로워하는 아이의 내면을 섬세하게 표현하고 있다. 그리고 잘못을 저지른 아이의 실수에 대처하는 어른의 따뜻한 태도도 잘 보여주고 있다.

주인공 이치는 국어 공책을 사러 문구점에 갔다가 지우개를 훔쳤다. 지우개가 갖고 싶은 것도 아닌데 주인이 한눈파는 사이 자기도 모르게 주머니에 넣어버린다. 집으로 돌아와 빨간 지우개를 보고 있자니 자꾸만 겁이 난다. 동생과 약속한 수영장도 가기 싫고 화만 난다. 잠시나마 잊기 위해 매미를 잡으러 공원에 갔지만 "숙제다 했냐?"는 고우의 물음에 불안감은 고조된다. 이치는 울지 못하고 파닥거리기만 하는 매미의 날개까지 잡아떼게 된다. 빨간 지우개를 훔치고 나서부터 이치는 점점 나쁜 사람이 되어가는 기분을 느낀다. 드디어 부엌으로 가 엄마에게 지우개를 보여준다. 엄마는 이치를 가만히 바라보더니 쪼그려 앉아 꼬옥 안아주며 말한다.

"가서 돌려 드리고 제대로 사과하자."

아이들은 그림책의 어떤 장면이 가장 인상 깊을까? 이치의 행동과 마음 등 거의 모든 장면이 인상 깊다. 특히 아이들은 이치가 매미의 날개를 떼는 장면을 보며 나름대로 의미 있는 해석을 한다.

"처음에는 이치의 행동이 잔인하다고만 생각했어요. 그런데 어쩌면 이치는 울지 않는 매미가 자기 자신이라고 생각한 것 아닐까요?"

이치가 죄책감을 느끼고 있지만 솔직하게 말할 용기가 나지 않아 진실을 숨기는데, 이런 자신이 소리 내지 못하는 매미를 닮았다고 느끼는 것 같다고 설명한다. 그런 이유로 이치가 스스로를 책망하는 이 장면이 가장 마음에 와닿는단다.

또한 이치가 스스로 반성하고 엄마에게 이야기하는 장면도 많이 꼽았다. 솔직하게 말을 한 이치의 용기도 대단했지만 무엇보다 엄마의 받아주는 태도가 위대해 보여서다. 보통 엄마는 "왜 그랬어!" "나쁜 짓이야!"라고 탓하며 야단부터 치는데, 이치 엄마는 꼭 껴안아주면서 이치의 반성하는 마음을 위로해줘서 부럽다고 했다.

아이들이 이 두 장면을 가장 많이 뽑은 이유는 무엇일까? 아이들은 다른 사람의 물건을 훔치는 것이 나쁘다는 걸 잘 안다. 이 장면들이 인기가 높은 이유는 단지 무언가의 마음 때문에 실수를 하더라도 혼자 두려워하고 걱정했던 자신의 불안이 이치와 비슷하고, 또한 이치 엄마는 이 모든 마음을 알고 섬세한 태도로 이치를 위로하고 이해했기 때문이다.

《빨간 매미》는 아이 양심의 빗장을 열기 위해 부모가 무엇부터 해야 하는지 잘 알려주는 책이다. 아이가 실수하더라도 마음을 먼저 읽어주는 위로가 보장되는 책이다.

《빨간 매미》 질문대화 독서법

이치의 불안, 죄책감 등 마음을 섬세하게 들여다 보면서 이 책을 읽자. 아이의 아픔을 녹여주려는 태도로 읽으면 아이가 엄마에게 감동을 느껴 스스로 자신의 행동에 책임을 다하게 된다.

❶ 제목과 표지 보고 이야기 상상하기

"왜 제목이 '빨간 매미'일까?"

"매미가 왜 빨간 색깔일까?"

❷ 이치의 심리적 부담감에 공감하며 질문대화하기

"빨간 지우개를 볼 때마다 이치는 왜 무서웠을까?"

"왜 매미의 날개를 잡아뗐을까?"

"잡은 매미를 다시 날려 보내준 이유는 무엇일까?"

"어떻게 엄마에게 고백할 수 있었을까?"

"네가 만약 이치처럼 용기 낼 일이 있다면, 엄마가 어떻게 해주면 좋을까?"

❸ 이치와 엄마의 마음 칭찬하기 (127쪽의 '미덕' 활용하기)

"어떤 마음이 빛난 것 같아?"

아이: '용기, 책임감, 진실함' 등

엄마: '존중, 사랑, 사려, 유연성' 등

❹ 엄마에게 바라는 소원 말하기

'내가 힘든 마음일 때 엄마가 _____ 도와주세요!'

소원: "아무 말 하지 말고 포근하게 안아주세요."

배려심이
부족해요

이기적인 배려가 아니라
상호존중이 있는 행복한 배려가 진짜 배려다.

배려심이 많다는
착각

배려란 타인을 염려하고 마음 써주는 보살핌이다. 싫어도 조금 참는 것, 기분 나빠도 참는 것이 아니다.

"제가 우리 반에서 배려심이 제일 많은 사람인 것 같아요. 제 필통이랑 인형이랑 저의 소중한 물건을 친구들에게 만지게 해주거든요."

독서 시작 전 일주일 동안 빛냈던 미덕을 찾는 시간이 있다. 지영이는 항상 배려를 찾는다. 자기 물건을 친구에게 만지게 해주었거나 친구가 싫은 소리를 해도 좀 참는다는 이유다. 그런데 친구들은 지영이를 부담스러워 한다.

지영이는 친구들과 놀 때 살짝이라도 부딪히면 째려보거나 표정이 굳는다. 짝이 지우개를 빌려가면 짝이 그 지우개로 글자를 다 지울 때까지 가만히 지켜본다. 친구들은 이런 지영이의 불편한 감정을 그대로 느낀다. 그러다 보니 지영이는 자신이 배려를 잘한다고 말하지만 시간이 지날수록 친구들은 지영이와 노는 것조차 피하게 되고 말았다.

지영이는 자신이 배려가 많다고 하는데 친구들은 왜 지영이를 부담스러워할까? 그다지 내키지 않아도 자기 것을 내어주고, 기분이 나빠도 화를 내거나 짜증부리지 않았는데, 친구들은 왜 지영이를 불편해 할까?

하이데거는 《존재와 시간》에서 진정한 배려란 상대를 있는 그대로 인정하고 존중해주는 것이라 했다. 배려는 타인에 대한 이해에서부터 시작한다. 지영이의 배려는 친구의 마음을 이해하려는 진심 어린 존중이 빠져 있다. 지우개가 없어 곤란한 친구를 염려하고 마음써주는 보살핌이 결핍되어 있다.

나도 행복하고
상대도 행복한 친절

나도 행복하고 상대도 행복한 배려는 어떻게 하는 걸까?

"저는 제 옷만 지키는 사람이었어요."

야스민 셰퍼의 그림책 《친절한 호랑이 칼레의 행복한 줄무늬 선물》을 읽고 지영이가 한 말이다. 호랑이 칼레의 행동에 대해 질문대화를 했을 때 지영이는 자신의 경험을 들려주었다. 미술시간에 모둠 친구에게 물감을 빌려주었는데 집게손가락으로 집어 물감을 던져주었단다. 자신의 새로 산 원피스에 물감이 튈까봐 빨리 건네려고 한 행동인데 그만 친구 옷에 물감이 떨어져버렸다. 그땐 몰랐는데 칼레를 보니 자신은 자기 옷만 깨끗하게 지키려 했었다며 친구에게 미안한 마음이 든다고 말했다.

호랑이 칼레는 타인을 위해 '행복한 친절'을 베푼다. 칼레는 동물 친구들의 일을 나의 일처럼 최선을 다해 돕는다. 이 책을 읽는 동안 아이들은 칼레의 도움을 대단하다고 여긴다.

하지만 아이들이 칼레에게 감동하는 이유는 따로 있다. 칼레가 친구들을 돕느라 자신의 몸에 있는 줄무늬를 다 써버렸을 때 칼레는 온몸이 아파온다. 자신을 보호하던 줄무늬가 모두 사라졌기 때문이다. 밤새 끙끙 앓던 칼레에게 친구들의 선물이 배달된다.

숲속 동물 친구들의 다양한 무늬가 선물상자에 가득 들어 있다. 호랑이 칼레는 친구들의 알록달록 다양한 모양의 무늬를 몸에 붙이고 세상에서 가장 아름다운 호랑이가 되었다. 바로 이 부분이 이 책에서 아이들에게 가장 울림을 주는 장면이다. 아이들은 칼레와 자신의 경험을 비교하면서 진짜 행복한 베풂이 무엇인지 느낀다.

"칼레는 자신의 줄무늬가 아깝지도 않았을까?"
"내가 친구를 도와줬을 때 친구도 좋다고 느꼈을까?"
"칼레가 친구를 도와줬을 때 칼레와 친구 중 누가 더 행복할까?"
"동물 친구들이 멋진 생각을 하게 된 계기는 무엇일까?"
"칼레의 나누는 힘은 어디서 나왔을까?"

지영이와 친구들이 만든 질문이다. 아이들의 감동이 고스란히 담겨 있는 질문은 아이들을 한 단계씩 성장시켰다. "다른 사람에게 자신의 것을 나눌 때 아까운 마음이 들 수도 있는데 칼레의 나누는 힘은 어디서 나왔을까?" "칼레의 친절한 마음이 동물 친구들에게 전달되어 동물 친구도 함께 행복해진 걸까?" "이것이 칼레의 힘일까?" 아이들은 칼레를 보며 모두가 행복한 것이 진짜 배려임을 알았다. 동물 친구들이 만들어준 칼레의 옷이 세상에서 가장 빛나는 행복임을 아이들은 마음으로 느꼈다.

행복한 배려를 일러주는 책

《행복한 줄무늬 선물》
야스민 셰퍼 글, 김서정 옮김, 봄볕

《행복한 줄무늬 선물》은 '배려'와 '나눔' '행복한 감정'에 대해 생각하게 하는 책이다. 그저 나에게 있는 것을 양보하는 개념이 아니라 나에게도 소중하지만 상대의 어려움을 위해 기꺼이 내어주는 '행복한 나눔' 이야기가 담겨 있다. 누군가를 위해 베푸는 세심한 친절이 어떻게 파장을 일으켜 다시 나에게 돌아오는가를 잘 보여주는 작품이다.

'세상에서 가장 빛나는 훈장'
'내 마음의 줄무늬는?'
'돋보기안경을 쓴 칼레'
'아낌없이 주는 나무'
'호랑이 칼레에게. 친구들이!'

이 책을 읽고 아이들이 지은 제목이다. 아이들은 칼레가 베푸는 친절을 보면서 '각자의 방식대로 남을 돕는 것은 무엇일까?'를 고민한다. "도움은 남을 돕는 거야" "배려는 보살펴주는 마음이야" "행복한 감정은 그럴 때 생기는 거야"라고 하나하나 가르치지 않아도 아이들은 칼레를 통해서 스스로 감동을 저장한다.

이기적인 배려를 하던 지영이가 칼레를 통해 내가 준 도움이 선순환해 나에게 다시 돌아온다는 것을 알았듯 아이들은 함께 만들어가는 배려가 세상에서 가장 아름답다는 것을 깨닫는다.

아이들은 제목을 지으며 자기만의 배려를 가슴에 새겼다. '세상에서 가장 빛나는 훈장' 제목은 지영이의 마음이고, 칼레처럼 자기 마음에는 어떤 줄무늬가 있는지 궁금해서 '내 마음의 줄무늬는?'라고 제목을 지은 상철이도 있다. 혜림이는 '칼레처럼 다른 친구에게 꼭 필요한 도움을 주려면 어떻게 해야 할까?'를 고민하다가 돋보기안경처럼 어려운 사람의 마음을 크게 보겠다는 다짐으로 '돋보기안경을 쓴 칼레'라고 짓고, 현진이는 칼레를 보니 '아낌없이 주는 나무'가 떠올라서 그렇게 짓고, 선물박스에 새겨진 '호랑이 칼레에게. 친구들이!'라는 문구가 동물 친구들의 따뜻한 마음을 글자로 표시한 것 같다며 제목으로 표현했다.

아이와 그저 함께 읽자. 스스로 자기만의 메시지를 가슴에 담는다. "너는 칼레처럼 누구에게 도움을 줬어?" "도와줬을 때 기분은 어떠했어?" "너는 어떤 도움을 받았어?" "도움 받았을 때 기분은 어땠어?" 등 아이의 경험에 칼레의 행복을 느낄 수 있는 질문을 해보자. "느껴야 움직인다"는 이어령 선생님의 말처럼 강요하지 않아도 아이 스스로 자기 가슴에 감동을 새긴다.

《행복한 줄무늬 선물》 질문대화 독서법

아이가 배려에 대해 스스로 느끼고 생각할 수 있도록 이 책을 읽어보자. 칼레의 행동과 마음, 칼레에게 도움을 받은 친구들의 마음을 중심으로 유도 질문을 해보자.

❶ 표지에 있는 호랑이와 딱정벌레의 대화 상상하기
★ 말풍선을 만들어 채우면 자연스럽게 상상하기가 된다.

❷ 질문하며 내용 읽기
"도움 받은 강아지의 마음은 어떠했을까?"

"칼레는 줄무늬가 모두 없어진 것을 알았을 때 후회하지 않았을까?"

"너라면 나에게 소중한 물건을 다른 사람에게 줄 수 있을까?"

"동물 친구들은 왜 칼레에게 자기 무늬를 나누어 줬을까?"

"친구들의 무늬를 선물 받는 칼레는 어떤 기분이었을까?"

"배려의 뜻을 네 생각대로 지어볼까?"

❸ 나만의 제목을 짓고 이유 말하기
"만약 네가 작가라면, 이 책의 제목을 어떻게 짓고 싶어?"

❹ '미덕 줄무늬' 선물하기
★ 127쪽에 있는 '미덕'을 참고해서 활동한다.

★ 자기만의 줄무늬 모양을 그린다.

★ 상대의 빛나는 미덕을 찾아 적는다.

★ 얼굴, 몸 등에 붙여준다.

이기적인 아이,
협동심 기르기

자기중심적인 아이를 세상 밖으로 나오게 하는 방법은
'때문에'를 '덕분에'로 바꾸는 공감 깨우기다.

이기심은
또 다른 부정적 감정을 부른다

긍정심리학자 마틴 셀리그만은 이기심은 나의 감정에 또 다른 부
정적 에너지를 만든다고 말했다.

"짜증나!"

"야, 너 때문에 게임에서 졌잖아! 책임져!"

친구와 게임할 때 결과가 만족스럽지 못하면 아이들은 주로 상

대 탓을 한다. "졌지만 우리가 노력했잖아! 잘했어!"라고 긍정적으로 해석하는 아이는 드물다.

실제로 아이들의 게임을 면밀히 살펴보면 친구 때문에 게임을 진 경우보다 스스로의 실수가 한몫했던 경우가 더 많다. 그럼에도 아이들은 남 탓에 익숙하다. 다른 사람 때문에 내가 손해 보는 것이라 탓하며 스스로 자기밖에 모르는 아이로 변해간다.

마틴 셀리그만은 다른 사람을 탓하는 감정은 사건을 해석하는 스토리텔링이 부정적으로 작동했기 때문이라고 설명한다. 다른 사람이 나를 기분 나쁘게 만든 것이 아니라 나의 해석에 문제가 있다고 지적한다.

이와 같은 잘못된 해석은 나에게 부정감정을 만들기 때문에 매사에 부정적일 수밖에 없다. 나밖에 모르는 이기심은 나의 부정적 관점 탓이다.

'때문에'를 '덕분에'로 바꾼 공감능력

내가 어떤 방식으로 스토리텔링 하느냐에 따라 나의 생각은 긍정적으로 바뀔 수 있다. 누군가를 탓하는 '때문에'를 '덕분에'로만 바꿔줘도 상대의 장점을 보는 눈은 갖춰진다.

"안대를 끼니까 무서웠는데 짝이 계속 말을 해줘서 **덕분에** 안심이 되었어요."

"제가 설명할 때는 짝이 못해서 답답했는데 저도 눈을 감아보니 짝의 마음을 알 것 같았어요. 게임을 한 **덕분에** 짝의 마음을 이해했어요."

"시각장애인들은 얼마나 답답하고 무서웠을까, 그런 생각이 들었어요. 짝이 없었으면 해내지 못했을 거예요. 짝 **덕분에** 끝까지 해낼 수 있어서 고마웠어요."

책 읽기 전, 아이들과 '달팽이 길 찾기' 게임을 했을 때다. 이 게임은 아이들의 관점을 바꿔주는 중요한 계기가 된다.

'달팽이 길 찾기' 게임 하는 방법

★ 달팽이집처럼 회오리 모양으로 색깔 테이프를 바닥에 붙인다.
★ 둘씩 짝을 짓는다.
★ 한 사람은 안대를 하고, 한 사람은 길을 설명한다.
★ 역할을 바꾼다.
★ 길찾기를 먼저 끝낸 팀이 이긴다.
★ 소감을 이야기하면서 짝에게 '덕분에'를 넣어 칭찬한다.

자기밖에 모르는 아이들의 태도는 게임 후 '덕분에'를 찾는 과정에서 긍정적으로 변화된다. '덕분에'는 관점을 바꾸는 준비운동과 같다. 활동을 한 다음 이 책을 읽으면 단번에 아이들의 긍정 시선이 살아나는 이유이기도 하다. 나와 친구의 좋은 점에 더 집중하는 긍정의 눈이 깨어난다.

자기밖에 모르는 아이, 협동심 길러주는 책

《으악, 도깨비다!》
유애로 그림, 손정원 글, 느림보

잘난 척 왕 멋쟁이, 성질이 급하고 욕심 많은 뻐덩니, 코가 큰 주먹코, 키가 커서 싱거운 키다리, 새침데기 말 없는 키다리 여자 친구, 눈이 튀어나온 퉁눈이, 깜빡깜빡 까먹는 짱구.

《으악, 도깨비다!》는 성격도, 생김새도 다른 일곱 명의 장승 친구들의 우정이 돋보이는 책이다. 장승들은 이기적이고 성질도 고약해 가끔은 서로를 놀리기도 하고 때론 싸우기도 하지만 위급

한 상황에서 친구를 생각하는 진정한 마음이 무엇인지 잘 보여주는 작품이다.

'멋쟁이를 구하고 마을을 지키게 된 장승들은 신바람이 났어요.'

이 작품의 마지막 부분이다. 멋쟁이가 도굴꾼들에게 잡혀가자 친구들이 협동해서 멋쟁이를 구해낸다. 하지만 처음부터 장승들이 멋쟁이를 구하려 하지 않았다. 자신들도 잡혀갈지 모른다는 두려움 때문에 멋쟁이를 그냥 두고 도망치려는 장승, 도망칠 수 없다고 말하는 장승, 이렇게 장승들의 생각은 두 편으로 갈라져 싸움이 벌어졌다. 하지만 장승들은 서로 싸우는 동안 멋쟁이를 도와야 하는 이유를 알게 된다. 장승마을에서 모두 함께 지냈기에 그 시간이 소중했다는 것을 깨닫는다.

만약 아이에게 협동의 가치를 넘어 서로의 마음을 헤아리는 의미까지도 일러주고 싶다면 스위칭 토론을 해보길 추천한다. 짱구가 빨리 도망가자며 주먹코에게 손을 내미는 장면까지 읽고 토론을 하면 된다.

'만약 나라면 구하러 간다'에 대한 주제로 찬성 입장과 반대 입장을 정한다. 그 다음 각자 입장에 대한 근거를 말해본다. 아이들은 입장을 명확히 구분해줄 때 열띤 토론을 한다. 약간의 경쟁 심리가 발동해 목소리까지 높여가며 이기려고 각자의 입장에 빠져든다. 최선을 다해 한쪽 편이 된다.

"도망갈 타이밍을 놓치면 모두가 잡혀갈 위험에 처해. 멋쟁이가 우리까지 위험해지는 것은 바라지 않을 거야."

"아니야, 그동안 우리는 함께 살았기 때문에 장승으로서 이곳을 지킬 수 있었던 거야. 함께가 아니면 의미가 없어."

아이들이 한창 열을 올릴 때 아이들의 토론을 멈춰야 한다. 그리고 강제적으로 찬·반의 입장을 서로 바꿔준다. 아이들이 처음에는 마음이 간질거린다며 대략 난감해하지만 "좀 전에 상대가 했던 이야기를 똑같이 말해도 돼"라고 말해주면 아이들은 이기기 위해 금세 바뀐 입장에 몰입한다.

스위칭 토론의 묘미는 바로 이 지점에 있다. 양쪽 끝을 묻는다는 공자의 고기양단(叩其兩端)처럼 두 극단의 길을 모두 가봐야 서로의 입장이 될 수 있다. 그리고 두 길이 만날 수 있는 접점도 찾을 수 있다.

아이들은 한쪽 입장에서 상대와 싸웠지만 결국 치열하게 두 쪽 모두의 편이 되었다. 아이들은 자신들이 딜레마에 빠져 있는 동안 자연스럽게 두 극단의 접점을 찾는다. 각자의 입장을 격렬하게 경험하고 온몸으로 가장 합리적인 대안을 찾는다. 아이들은 '덕분에'의 진짜 의미를 스위칭으로 체험한다.

책 읽기 마지막 순서에 함께 토론한 상대팀에게 '덕분에'의 칭찬 스티커를 붙이며 마무리하면 아이들에게 최고의 공감 순간이 된다.

《으악, 도깨비다!》 질문대화 독서법

❶ '달팽이 길 찾기' 게임하기

★ 종이에 달팽이집처럼 회오리 모양을 그려 앉아서 해도 된다.

★ 게임 후, 서로에게 '덕분에'를 넣어 칭찬을 한다.

❷ 책의 맨 뒤쪽 면지를 보며 장승들의 별명 맞추기

❸ 멋쟁이가 잡혀가는 부분까지 읽고, 스위칭 토론하기

★ 만약 내가 주먹코라면 짱구의 손을 잡는다? vs 안 잡는다?

★ 찬성·반대처럼 하나의 입장을 선택한다.

★ 근거를 제시하면서 각자의 주장을 한다.

★ 기존의 입장과 반대되는 입장이 되어 근거를 제시한다(이기는 것보
다 두 입장이 되어보는 것에 중점을 둔다).

★ 멋쟁이가 잡혀간 다음 내용을 이어서 읽는다.

❹ 질문하며 내용 읽기

"뻐덩니처럼 놀림 받으면 어떤 기분이 들까?"

"장승처럼 너도 친구와 다투거나 싸웠던 경험 있어?"

"장승들은 자주 다투는데도 다시 같이 노는 이유는 뭘까?"

"멋쟁이가 만약 너라면 어떤 마음이었을까?"

"친구들이 밤마다 놀러와줄 때 멋쟁이는 무엇을 느꼈을까?"

"멋쟁이를 구하는 친구들의 용기는 어디서 나왔을까?"

"너는 힘든 일을 친구들과 함께 해결한 적 있어?"

❺ '덕분에' 칭찬 스티커 붙이기

★ 토론했던 상대팀에게 이유도 함께 말하며 '덕분에'를 넣어 칭찬한다.

초등학생 성교육, 너무 어려워요

성교육의 핵심은 자기결정권이다.
성적 자기결정권이 상호존중이 있는 건강함을 만든다.

상호존중이 있는 자기결정권을 알려줘요

자기결정권이란 어떤 간섭 없이 스스로 결정하는 자의적 권리다. 내가 좋아하고 하고 싶은 것을 존중받고, 스스로 결정하고 책임지는 권리다. 아이들에게 성교육을 할 때 반드시 알려줘야 하는 것이 바로 자기결정권이다. 생물학적인 성지식을 알려주는 것도 중요하지만 건강한 성장을 위해 상호존중이 있는 자기결정권을 꼭 알려줘야 한다.

이현혜의 그림책《좋아서 껴안았는데, 왜?》에는 지아를 좋아하는 준수 이야기가 나온다. 준수는 좋아한다는 표현으로 지아를 껴안았는데 오해를 받는다. 준수는 자기를 좋아한다는데 싫어할 사람은 없다고 단순하게 생각해 지아를 꼭 껴안았다. 그런데 지아는 기분이 나빠 울음을 터트린다. 지아의 의사와 상관없는 준수의 일방적 태도가 부른 결과다. 준수는 선생님이 알려준 몸의 경계를 배운 뒤 지아에게 어떤 잘못을 했는지 깨달았다.

초등 저학년일수록 준수와 같은 실수는 자주 일어난다. 고학년 또한 친한 여자 친구의 어깨에 손을 올리거나 생각 없이 신체접촉을 했다가 곤란한 상황이 발생하기도 한다. 아이들 사이에서 이런 불편한 상황이 생기는 것은 준수처럼 상호존중이 있는 자기결정권을 몰라서다.

서로의 몸에는 경계가 있다. 아이의 몸이라고 부모가 함부로 만지면 안 되듯, 각자의 몸에는 주인이 있다. '나의 몸은 내 것, 너의 몸은 네 것'이라는 경계가 있다. 아무리 좋아도 상대의 경계선에 허락 없이 들어가면 안 된다. 몸의 경계를 인식하는 것은 상대의 감정과 생각까지 배려하는 상호존중이다.

성적 행동도 마찬가지다. 손을 잡을지 잡지 않을지, 뽀뽀를 할지 말지 내가 좋아하는 것을 선택하고 결정하는 책임은 상호존중에서부터 시작됨을 알려주어야 한다. 서로의 존중이 근간이 된 자기결정권이 올바른 성지식과 만났을 때 우리 아이는 건강하게 성장할 수 있다.

✦★
🌈 '남자답다, 여자답다'가 아니라
'나다움'을 알려줘요

"너는 남자가 겁이 많냐?"
"여자답게 좀 얌전하게 놀아."

남자다운 것은 무엇이며, 여자다운 것은 무엇일까? 우리는 자신도 모르는 사이 아이들을 사회적 프레임 안에 가두고 있다. 짧은 머리와 긴 머리, 바지와 치마, 블록놀이와 인형놀이, 파랑은 남자색, 핑크는 여자색이라고 구분 짓는다.

'남자답다, 여자답다'는 누가 정해놓은 걸까? 초등학교 입학과 동시에 남자 아이들이 핑크를 좋아한다고 놀림을 받는 이유는 무엇일까? "너는 남자가 왜 그래?" "너는 여자가 왜 그래?" 어른인 우리가 무심코 행동했던 것이 아이에게 불편한 정체성으로 인식되고 있었기 때문이다.

시몬 드 보부아르는 사회적 성, 즉 젠더문제를 제기하면서 "여성으로 태어나는 것이 아니라 여성으로 만들어진다"라고 말했다. 아이들도, 어른도 '남자답다, 여자답다'로 두 번째 성이 만들어지고 있다. 여자 아이의 물건은 핑크색, 남자 아이의 물건은 파란색이라는 불편함은 당연한 것으로 되어가고 있다. 소설가 치마만다 응고지 아디치에는 자신의 책《우리는 모두 페미니스트가 되어야 합니다》에서 타인이 만들어놓은 것을 당연하게 받아들이지 말고 내가 '나의 정체성'을 만들면 된다고 말한다. 진정 행복한 삶을 살려면 '나다움'을 갖추라고 한다.

우리 아이가 타인에 의해 정해지는 '나'가 아니라 진짜 '나다움'을 갖추려면 우리는 어떡해야 할까? 좀 더 행복해질 나의 아들과 딸을 위해 다함께 고민해보자.

올바른 성지식과 성의식을 알려주는 책

《아홉 살 성교육 사전》
손경이 글, 다산에듀

남자 아이를 키우는 부모님들의 가장 큰 고민이 뭘까? 혹시 '장난치다가 실수로 여자 친구의 몸을 터치하면 어떡하나? 이걸로 학교에서 성추행이라고 오해받으면 어떡하나?' 이런 고민을 남자 아이를 둔 부모라면 한 번쯤은 해봤을 것이다.

성에 관련된 문제는 서로에게 민감한 만큼 이야기를 꺼내기에도 부담이다. 이 책은 무엇보다 이런 문제를 해결하는 데 도움이 많이 된다.

《아홉 살 성교육 사전》은 아이들에게 성지식을 넘어 성의식과 태도, 상호존중 개념까지 알려준다. '남자는 고추가 있고 여자는 왜 없어요?' '엄마, 콘돔이 뭐예요?' '야동은 왜 나쁜 거예요?'는 물론이고 '몽정' '사정' '발기' '생리' 등 몸과 마음에 대한 거의 모든 것이 실려 있다. 또한 생물학적인 것을 넘어 성교육의 핵심인 관계에서 허락을 구하는 성적자기결정권과 성역할 문제인 젠더감수성까지도 포함하고 있다. 본문에 그림이 많아 그림책 읽듯 함께 즐겁게 읽기만 하면 아이에게 올바른 성지식과 성의식을 가르쳐 줄 수 있다.

책은 '여자 아이' '남자 아이' 시리즈가 따로 있으며, 각각 '몸' 편과 '마음'편 두 권씩이다. '몸'편은 음경, 음순, 자위, 사춘기, 변성기 등의 몸의 변화와 출산까지 성지식을 구체적으로 담았다. '마음'편은 '자기다움'에 대한 개성과 감정표현, 배려와 존중, 성역할, 존중 연애, 야한 동영상 대처법, 성폭력 대처법 등 아이들의 궁금함을 세심하게 다루었다. 아이 일상에서 흔히 겪을 수 있는 에피소드를 중심으로 원인 또는 대처 방법을 제시하고 있어서 초등 아이들뿐만 아니라 부모님들께도 유익한 책이다.

아이와 읽을 때 책의 차례와 상관없이 아이가 관심을 보이는 에피소드부터 먼저 읽어보자. 곧장 궁금한 것이 또 생겨 이 책 한 권을 금방 읽을 수 있다.

나와 아들이 '존중 뽀뽀' 에피소드를 읽었을 때다. '존중 뽀뽀'

편에 아들과 엄마의 뽀뽀 이야기가 나온다. 에피소드의 대화는 엄마와 아이 사이조차 서로 동의를 구해야 하며 오해가 생기지 않도록 서로를 존중해야 한다는 것을 알려준다.

"엄마한테 뽀뽀해줄래?"
"엄마, 나 뽀뽀할 기분이 아니야."
"이제 엄마 뽀뽀 싫어?"

엄마는 아들이 뽀뽀할 기분이 아닌데 일방적으로 뽀뽀하려 한다. 아이가 뽀뽀를 거절하자 엄마는 뽀뽀하지 않는 아이의 행동만 보며 서운해한다. 에피소드의 설명 부분에는 엄마를 거절한 아이의 마음이 나타나 있다. '엄마 뽀뽀가 싫은 게 아니라 친구랑 싸운 것 때문에 기분이 안 좋아서 그런 건데….'

에피소드를 읽고 나와 아들의 상황으로 바꿔서 다시 읽었다. 우리집의 경우는 본문과 반대 상황이다. 아들은 초등 5학년이지만 자기 기분대로 무지막지하게 뽀뽀를 하고 가버려 황당할 때가 많다. 아들은 열 살 여동생에게도 일방적으로 기습뽀뽀를 하고 "채아야, 네 입술은 왜 이렇게 부드러운 거야?"라고 말하는데, 만약 이 상황이 아들의 여자 친구였다면 자칫 심각한 문제가 될 수도 있다. 학교에서도 아들이 비슷한 행동을 할까봐 항상 걱정이다. 이런 이유로 본문의 에피소드를 우리집 상황에 맞게 바꿔 읽었다.

"아들, 너무 격하게 뽀뽀하지 말아줄래?"

"엄마, 나 싫어해? 내가 싫어서 뽀뽀하기 싫은 거야?"

"아들 뽀뽀가 싫은 게 아니라 지금 뽀뽀할 기분이 좀 아니라서 그래. 뽀뽀하고 싶을 땐 먼저 물어봐줄래?"

평소 아들의 행동대로 바꿔서 읽고, 내가 원하는 바를 덧붙여 읽었더니 아들이 씩 웃으며 "이제 엄마 의견 존중할게!"라고 대답했다. 아들에게 걱정스러웠던 여자 친구를 대하는 법도 조심스레 언급했다. 평소 "하지 마!"라며 이야기했을 때는 오히려 흘려들었는데 상황을 그대로 적용해 이 책을 읽으며 말했더니 "아, 그런 거였어?"라며 기분 좋게 받아주었다.

이 책이 아들과 엄마, 딸과 아빠도 읽기 좋은 이유는 어색하거나 따분하지 않고 편안하게 웃으며 성교육을 할 수 있기 때문이다. 각자의 상황에 맞는 에피소드부터 골라 살짝 변형해서 읽어보길 추천한다. 에피소드에 따라 머쓱하게 웃음을 짓기도 하고, 기존에 자신이 알고 있던 성지식이 잘못된 편견이었다는 것도 자연스럽게 깨닫는 계기가 된다. 이 책을 두고 아이들과 부모가 함께 나누는 성 대화는 마치 아빠가 딸아이의 생리대를 선물해주는 것처럼 편안하고 행복한 즐거움을 안겨준다.

《아홉 살 성교육 사전》 질문대화 독서법

평소 아이가 가지고 있던 잘못된 오해나 편견을 풀어주는 데 주력해서 이 책을 읽어보자.

❶ 그림 보며 상황 유추하기

★ 퀴즈처럼 진행한다.

★ 제목을 가린다.

★ 그림 보며 질문하고 아이 생각을 듣는다.

　"어떤 상황인 걸까?"

　"왜 이렇게 말한 걸까?"

　"왜 이런 생각을 하는 걸까?"

★ 제목을 오픈한다.

❷ '내 이야기를 들어봐' 부분 읽기

❸ 비슷한 경험이나 궁금한 점 이야기하기

❹ 궁금한 질문에서 나왔던 부분을 찾아 연결하기

'착한 마음, 나쁜 마음'의 양면

인간의 마음에는 동전의 양면처럼 나쁜 마음과 착한 마음, 이 두 가지가 존재한다. 인디언 체로키족에게 전해오는 이야기 '하얀 늑대와 검은 늑대의 싸움'이 대표적인 사례다.

할아버지가 손자에게 이야기를 들려준다.

할아버지 : "모든 사람 안에는 두 마리의 늑대가 살고 있단다. 한 늑대는 검은 늑대고, 한 늑대는 하얀 늑대야. 검은 늑

대는 분노, 질투, 욕심, 교만, 게으름이 가득한 늑대고, 하얀 늑대는 사랑, 긍정, 희망, 친절, 용기, 끈기를 가진 늑대야. 그런데 이 둘은 우리 마음에서 끊임없이 싸우지."

손자 : "할아버지, 두 마리가 싸우면 어떤 늑대가 이겨요?"

할아버지 : "그야 네가 먹이를 주는 늑대가 이기지!"

내가 어떤 늑대에게 먹이를 주느냐에 따라 나의 마음은 하얀 늑대가 되기도 하고, 검은 늑대가 되기도 한다. 우리 아이는 어떤 늑대에게 먹이를 더 많이 주고 있을까? 보이지 않는 세계가 보이는 세계를 만드는 것처럼 아이의 의지가 좋은 마음과 나쁜 마음을 만든다.

⭐ 아이의 정신적 가치
🌈 깨우기

아이의 좋은 마음은 어떻게 깨울까? 아이의 내면에는 착한 마음이 이미 존재한다. 다만 아이들이 인식하지 못할 뿐이다. 아이들은 착한 마음이 언제나 나에게 있다는 사실만 알아차려도 행동이 변할 수 있다.

"아기들은 태어날 때 모두 착하게 태어나는 거였네요! 그럼 저도 착하게 태어났어요?"

EBS 다큐프라임 〈인간탐구 대기획〉 '아이의 사생활' 2부에는 도덕성 인지실험이 나온다. 그 중 '착한 세모, 나쁜 네모' 실험 동영상을 볼 때 아이들은 "나도 착하게 태어났을까?"라며 의문을 가지기 시작한다. 서로를 고자질하고 비난하느라 싸움이 일상인 아이들도 이 동영상을 보고 나면 표정이 달라진다.

'착한 세모, 나쁜 네모' 실험은 생후 10개월 아기들을 대상으로 한 도덕성 실험이다. 아기들에게 영상을 보여준 뒤, 영상 속에 등장한 세모와 네모 중 하나의 도형을 선택하게 함으로써 '인간 마음의 출발점은 어디일까?'를 알아보는 실험이다.

영상에는 산을 힘겹게 오르는 동그라미가 있다. 세모는 산을 오르는 동그라미를 아래에서 산꼭대기까지 밀어 올려준다. 그리고 네모는 산을 오르는 동그라미를 위에서 밀어 떨어뜨린다. 영상 시청 후, 아기들 앞에는 세모와 네모 두 도형이 놓여 있다. 아기들은 모두 세모를 집어든다.

이 실험을 보고 아이들은 "말도 못하는 아기가 어떻게 착한 것을 알아요?"라는 의문을 시작으로 "아! 세상 모든 아기는 모두 착하게 태어나는구나!"라며 아이들 스스로 인간은 모두 착하게 태어난다는 것을 인식한다. 그리고 "자기 안에도 착한 마음이 있었는데 그동안 잊고 지냈다"고 말한다.

아기들처럼 아이들 마음에는 이미 착한 마음이 존재한다. 깨우지 않아 긴 잠에 빠져 있었을 뿐이다. 아이들은 인식하는 순간 마음속 착한 마음을 꺼내려는 의지를 발산한다. 독서시간마다 "마음속에 어떤 미덕이 있는지 찾아볼까?"라고 질문을 던지면 아이들은 "2개 찾아도 되요?" "저는 3개 찾을래요!"라며 잠자던 마음을 깨우기 바쁘다.

⭐ 미덕으로 아이의 인성가치를 만드는 노하우

한국버츄프로젝트에 따르면 모든 인간은 마음속에 미덕의 동굴이 있다. 다만 원석의 상태로 미덕이 잠들어 있기 때문에 우리가 모를 뿐이다. 다이아몬드처럼 원석을 캐서 반짝반짝 세공의 과정을 거치면 우리 마음도 빛나는 보석이 될 수 있다.

나의 마음속 미덕을 찾는 과정이 잠든 미덕을 깨우는 것이고, 미덕을 행동으로 실천하는 것은 마치 착한 늑대에게 밥을 주는 것과 같다. 미덕을 깨우는 그 자체가 빛나는 나의 정신적 가치가 된다. 제시된 방법대로 52가지 미덕을 활용해 아이의 일상과 독서에 적용해보자.

한국 버츄프로젝트 52가지 미덕

감사	소신	존중
결의	신뢰	중용
겸손	신용	진실함
관용	열정	창의성
근면	예의	책임감
기뻐함	용기	청결
기지	용서	초연
끈기	우의	충직
너그러움	유연성	친절
도움	이상품기	탁월함
명예	이해	평온함
목적의식	인내	한결같음
믿음직함	인정	헌신
배려	자율	협동
봉사	절도	화합
사랑	정돈	확신
사려	정의로움	
상냥함	정직	

아이의 일상 속 미덕 적용법

★ 아이에게 야단을 쳐야 할 때

"지금 너는 어떤 미덕이 자고 있었을까?

"평온함이요. 왜냐하면 화가 날 때 나도 실수한 것이 없는지 생각
해야 하는데 먼저 화부터 냈어요. 이제는 평온함을 깨워서 먼저
생각해볼게요."

★ 셀프 칭찬할 때

"오늘 너에게 빛났던 미덕은 뭐야?"

"끈기, 왜냐하면 수업시간에 잠이 왔는데 깨려고 눈을 부릅떴어요."

질문대화 독서 속 미덕 적용법

★ 작품 속 인물의 미덕 찾기

"등장인물에게 빛났던 미덕을 찾아볼까?"

"아산테에겐 명예요. 왜냐하면 싸우다 죽지만 무리를 지키기 위해
최선을 다했으니까요."

★ 나의 실천 미덕찾기

"너는 명예의 미덕을 어떻게 실천해볼 거야?"

"저는 제가 잘못했을 때 잘못을 당당하게 인정하는 책임감으로
명예를 빛낼 거예요."

아이의 인성을 기르는 책

《어린이 인성 사전》
김용택 글, 김세현 그림, 이마주

"예의는 지키는 것이 아니라 행하는 것이다."
"남의 아픔이 내 아픔이 될 때 진정한 이해가 시작된다."
"칭찬은 내 마음을 아끼지 않고 주는 것이다. 나를 주는 것이다."

김용택 선생님이 가르쳐주는 인생의 가치다.《어린이 인성 사전》은 우리가 살아가면서 마음속에 품어야 할 가장 기본이 되는 덕목을 짚어준다. 선생님은 '저기 걸어가는 내 친구가 없으면 내가 없습니다. 내가 없으면 이 세상 모든 것들이 아무 소용 없듯이 풀밭에 풀이 없으면 나도 없습니다. 세상을 향해 끝없이 내 마음을 내어 주는 것이 내가 존재하는 이유입니다'라고 인성에 대해 알려준다.

인성은 나의 자존이며 나에 대해, 너에 대해, 우리에 대해 생각하는 것이라고 말한다. 이 책은 어떤 일이 있어도 사람을 먼저 생각하고 귀하게 여기자는 마음을 담고 있다.

내용은 동시와 그림으로 아이들이 접근하기 쉽게 엮어놓았다.

아이는 한 편의 시를 읽듯 인성 개념을 마음으로 새길 수 있다. 시에 나오는 이야기와 비슷한 경험을 떠올리며 읽으면 추상적인 인성 단어를 아이의 삶에 깊숙이 스며들게 할 수 있다.

다음은 《어린이 인성 사전》에 나오는 동시다. 같이 읽고 시에 어울리는 '마음'으로 제목을 지어보자.

아이들은 모두 다 김밥입니다
할머니와 단 둘이 사는 진철이는 김밥을 싸지 못했습니다
하얀 쌀밥에 계란말이, 멸치볶음 반찬입니다
선생님도 김밥입니다
친구들이 진철이에게 김밥을 하나씩 나눠 줍니다
선생님도 하나 줍니다
김밥이 하나 둘 셋 넷 다섯 여섯 일곱
우와! 진철이는 김밥 부자 되었네
아이들이 모두 기뻐합니다

원래 제목은 김용택의 〈소풍〉이다. 아이에게 "시에서 어떤 마음이 느껴져?"라고 먼저 물어보자. 이 책에 나오는 인성 단어를 고르게 하면 단어가 바로 제목이 된다. 그 다음 아이에게 경험을 물어주자. "너도 이런 비슷한 경험이 있어?" 이 질문이 아이 삶의 인성 가치가 된다.

‘배려’ : 내 것 한 개를 친구에게 나눠줬기 때문이다.

‘감사’ : 진철이가 친구들에게 고마움을 느낄 것 같기 때문이다.

‘사랑’ : 김밥을 나눈 건 친구에게 사랑하는 마음을 준 것과 같기 때문이다.

“너도 이런 마음을 느꼈던 적이 있어?”

“응. 소풍갔을 때 친구가 젤리를 나한테 줬는데 그때 ‘친구가 너그럽구나!’ 생각한 적이 있어.”

조금 더 이야기하고 싶다면 “너는 친구에게 너그러움을 빛낸 적 있어?”처럼 꼬리물기 질문으로 생각을 더 유도하면 된다. 일상을 당연하게 지나치지 않도록 매 순간순간 소중함을 인식하고 가치를 깨울 수 있도록 도와주면 그것이 우리 아이의 가치 있는 인성이 된다.

《어린이 인성 사전》 질문대화 독서법

아이가 경험을 많이 떠올리도록 연결질문을 하면서 이 책을 읽어보자.

❶ 그림과 동시를 함께 보며 동시의 제목 맞추기

❷ 시에서 느껴지는 마음(미덕) 찾기

  "어떤 마음이 느껴져?"

  "왜 그 마음을 떠올렸어?"

❸ 같은 미덕을 느꼈던 경험 이야기하기

  "너도 배려를 한 적 또는 받은 적 있어?"

❹ '내가 찾은 미덕'으로 나만의 정의 내리기

  ★ 사전적 의미와 상관없이 나의 느낌으로 정의한다.

  '배려란 젤리를 나누어 먹는 것이다.'

❺ 나만의 미덕을 어떻게 빛낼지(실천할지) 이야기하기

  "배려를 어떻게 빛내볼 거야?"

  "사탕을 2개 사서 오빠와 하나씩 나눌 거야."

❻ 나만의 미덕 꾸미기

  ★ 투명 필름지를 준비한다.

  ★ 네임펜으로 '나만의 정의'를 옮겨 적고 예쁘게 꾸민다.

매일 20분 책 읽기로
아이의 사회성을
높일 수 있다

아이의 사회성은 관계에서부터 시작된다.
관계 맺기에 서투르거나 두려워하는 아이에게
'나'와 '친구'의 진심을 느낄 수 있는 방법을 일러주자.
서로의 존재를 드러내고 표현하는 행복감이
아이의 사회성을 높인다.

OPEN BOOK!

친구 사귀는 것이 서툴러요

친구를 기다리는 외로움이 아이를 소심하게 만든다.
하지만 아이의 오랜 기다림은 진정한 관계 맺기를 돕는다.

친구 사귀는 것이 서툰 내 아이

"짝꿍이랑 친하게 지냈어?"
"오늘은 누구랑 놀았어?"

초등 1학년 아들에게 거의 매일 물었던 질문이다. 친한 친구가 생겼으면 하는 간절한 바람으로 묻고 또 물었다. 입학하고 처음 만난 여자 짝꿍은 아들을 싫어했다. 짝꿍은 글 읽기도 서투르고, 수업시간에 대답도 안 하는 아들에게 바보 같다며 "너랑 짝하기 싫어!"라고 말했다. 그 뒤로 내성적인 아들은 더 소심해졌다. 먼저 놀자고 말하면 친구가 거절할까봐 망설여지고 두렵기까지 하다고 했다. 아들의 의기소침한 모습은 아들만의 속상함이 아니었다. 김영진의 그림책《친구 사귀기》의 그린이 엄마처럼 엄마인 나의 걱정이기도 했다. '아들을 위해 엄마가 도울 수 있는 일은 무엇일까?' 아들이 위축된 만큼 나도 함께 고민해야 했다.

내 아이의 친구 만들기

아이들은 겉으로 보이는 행동에 따라 친구를 사귈 수 있기 때문에 서로를 이해하고 수용할 기회를 주어야 한다. 소극적인 아이는 자신에 대한 이해를 먼저 하도록 하고, 친구를 괴롭히거나 피해를 주는 아이들은 타인에 대한 이해를 넓혀야 한다. 내성적인 아들에게 엄마가 도울 것은 내면의 두려움을 풀어주는 것이었다. 아들과 나는 책 속 주인공들을 만나면서 스스로의 마음에 집중하는 시간을 가졌다.

다케다 미호의 그림책《짝꿍 바꿔 주세요!》에는 짝꿍의 놀림과 편잔 때문에 학교 가기 싫어하는 은지가 나온다. 은지는 과하게 놀리는 민준이가 두렵기까지 하다. 그런데 민준이가 은지의 연필을 부러뜨린 다음날, 먼저 은지에게 사과한다. "미안해!"

"엄마, 내 짝꿍도 민준이처럼 미안한 마음이 있을까?" 아들은 자기에게 친구하기 싫다고 말한 짝꿍도 사실은 민준이처럼 자신을 진짜 싫어하는 게 아니거나 싫어하더라도 자신에게 미안한 마음을 갖고 있을지 궁금해 했다. 만약 미안한 마음이 있다면 다행이라고 말한다. 아들은 싫다고 말하는 친구들 마음에는 상대를 싫어하는 마음만 있다고 생각했는데 미안함이 있다면 상대를 생각하는 마음도 있다는 것이니 어쩌면 서로 잘 지낼 가능성도 있는 것이라 한다.

<u>아들은 민준이의 행동 뒤에 숨겨진 마음을 발견했다.</u> 그동안 아들은 거절당할까봐 걱정하는 두려움이 컸다. 두려움이 커서 용기내지 못했다. 그런데 민준이의 마음을 발견한 덕분에 '싫다'는 말에 단번에 상처받고 포기하지 않는 용기를 조금 얻었다.

이후에도 아들은 마이클 홀의 그림책《빨강 크레용의 이야기》에 나오는 자두를 보며 자신도 자두 같은 친구가 되고 싶다고 한다. "어떻게 하면 자두가 될 수 있지?"라며 스스로 닮아보려는 노력도 했다. 틈틈이 마키타 신지의《틀려도 괜찮아》, 캐드린 오토시의《One 일》, 존 클라센과 맥 바넷의《세모》등 여러 그림책을 읽으며 먼저 친구에게 다가가는 자신감을 키워갔다.

아들의 성격은 여전히 내성적이다. 하지만 이제 친구 사귀기를 두려워하지는 않는다. 아들은 마음으로 다가가는 법을 알고 난 뒤부터 스스로 친구 사귈 기회를 만들어가고 있다.

친구 사귀기 힘든 아이에게 힘을 주는 책

《초대받은 아이들》
황선미 글, 이명애 그림, 이마주

단 한 번이라도 외톨이가 되어 본 아이들은 안다. 혼자라는 외로움이 얼마나 자신을 슬프게 하고 기운 빠지게 하는지. 외로운 마음을 견디는 것만큼 힘든 일은 없다. 이런 아이에게 힘을 줄 수 있는 방법은 무엇일까?

"외톨이가 되더라도 나 자신을 사랑하는 일. 나를 위해서 노래 부르고, 촛불도 켜고, 선물도 준비할 수 있어야 돼요. 나를 포기하지 말아요. 그리고 너무 오래 속상해 하지 말아요. 나를 알아보는 친구는 가까운 곳에 반드시 있으니까요."

《초대받은 아이들》의 황선미 작가는 외톨이가 되더라도 자신을 사랑하는 일은 절대 잊지 말아야 한다고 말한다. 이 책은 실제로 외톨이가 된 작가의 아들을 모델로 삼은 감동적인 이야기다.

친구 생일잔치에 간다던 아들이 학교를 파하자마자 터벅터벅 혼자 집에 왔다. 작가는 초대받지 못한 쓸쓸한 아들의 모습을 보며 무언가 힘을 주고 싶다. 그런 이유로 작품에는 주인공 민서가 어떻게 친구를 만드는지 섬세하게 담았다. 그리고 풀죽은 아이를 바라보는 엄마의 심정과 태도도 함께 그려놓았다. 아이는 아이대로, 부모는 부모대로 함께 힘을 얻고 방법을 찾을 수 있도록 했다.

주인공 민서는 친구 생일에 초대받은 적이 별로 없다. 반 친구 대부분이 초대받지만 친구들은 민서의 존재도 모른다. 민서는 도대체 왜 자기는 초대를 받지 못하는지, 초대받고 싶은 마음이 큰 만큼 스스로가 못났다고 생각한다. 성모의 친구가 되고 싶어 며칠 동안 정성들여 준비했던 그림 선물은 줄 기회마저 없다. 민서는 친구들이 얄밉고 화가 난다.

이런 민서를 지켜보는 엄마도 속상하기는 마찬가지다. 돕고 싶지만 도울 방법이 생각나지 않아 오히려 민서의 눈치만 살핀다. 민서는 민서대로 짜증나서 엄마에게 화를 내고, 엄마는 속상함을 감추지 못해 결국 둘은 싸우고 만다. 서로의 예민함이 어긋난 결과를 낳았다.

만약 우리 아이가 민서라면 나는 어떻게 했을까? 속만 태우거나 어쩌면 나 또한 속상함을 감추지 못하고 아이와 싸웠을지 모른다. 민서 엄마도 처음에는 그랬다. 하지만 안타깝고 속상함만으로는 아이 마음에 힘을 줄 수 없다. 황선미 작가는 아이의 고민과 상처에 다가가는 방법을 민서 엄마를 통해 보여주고 있다.

민서 엄마는 성모의 생일파티가 열리는 그 장소에 아들을 초대한다. 엄마는 민서에게 성모의 생일 선물을 당당하게 건네주라고 조언한다. 망설이는 민서를 위해 일단 부딪쳐보라는 용기와 자신감까지 준다. 엄마는 민서가 스스로 자신의 존재를 드러내고 표현할 수 있도록 마음을 이끌어준다. 드디어 민서는 용기를 내어 엄마의 조언대로 성모에게 자신의 마음을 표현한다. 그런데 민서는 그토록 친해지고 싶었던 성모에게 진심을 표현한 뒤 진짜 성모에 대해 알게 된다.

성모는 친구들의 진심을 너무 가볍게 여기는 아이였다. 인기가 많은 성모는 친구들 한 명 한 명의 마음에 귀기울이지 않는 친구다. 민서는 비로소 깨닫는다. 소중한 친구는 서로의 마음을 알아주는 친구임을. 이 순간 기영이도 성모를 보며 같은 것을 느낀다. 민서와 기영이는 서로의 마음이 통했음을 눈빛으로 알았다.

"민서가 엄마 말처럼 시험해보지 않았다면 어떻게 되었을까?"

만약 민서가 표현하지 않았다면 민서는 성모에 대해 아직도 몰랐을 것이다. 민서는 자신의 마음을 직접 표현했을 때 진짜 친구를 얻을 수 있었다. 비록 오랜 기다림이었지만 그것은 진정한 친구를 알아보는 예쁜 눈을 위한 시간이었다. 결코 헛된 시간이 아니었다. '오래 보아야 예쁘고 자세히 보아야 예쁘다'는 나태주의 〈풀꽃〉처럼 진정한 친구는 그런 것이다.

아이와 둘이 책 읽는 시간이 아이에게 따뜻한 위안이 되고 용기를 주는 기회가 될 것이라 확신한다.

《초대받은 아이들》 질문대화 독서법

아이에게 따뜻한 위안을 준다는 느낌으로 이 책을 읽어보자. 실제로 비슷한 경험과 감정이 떠오르면 주저 없이 이야기 나누고 공감하면 된다. 읽는 동안 아이도 자신에게 힘을 주는 시간이 된다.

❶ 엄마와 둘이 공통점 찾기 게임하기
★ 제한 시간을 정한다.
★ 제한 시간 안에 둘이서 공통점을 많이 찾는다.
★ 성별, 눈·코·입의 개수처럼 모든 사람들의 공통점은 제외한다.

❷ 내용 읽고 질문대화하기(경험과 기분을 중심으로)
"초대장을 받지 못한 민서의 마음은 어떠했을까?"
"만약 네가 민서였다면 초대받지 못했을 때 어떠했을까?"
"민서는 성모에게 줄 그림을 어떤 마음으로 그렸을까?"
"기영이는 왜 하모니카를 성모에게 주지 않았을까?"
"민서와 기영이는 왜 서로를 보며 씩 웃었을까?"

❸ '진정한 친구' 정의 내리기
"진정한 친구란 어떤 친구일까?"
"진정한 친구란 ○○이다."

친구를 비난하고
욕해요

작은 변화를 원하면 행동을 바꾸고,
큰 변화를 원하면 관점을 바꿔라. _스티븐 코비

부정적 언어의
악순환

"야! 그것도 못하냐?"
"넌 제대로 하는 게 하나도 없냐!"

누군가 나에게 한 말이라면 지금 나의 기분은 어떨까? "너도 못하
면서!"라든가 "너나 잘해!"라는 말이 반사적으로 나올 것이다. '뿌
린 대로 거둔다' 또는 '되로 주고 말로 받는다'는 속담처럼 기분
나쁜 말은 더 거친 말이 되어 상대에게 돌아간다. 부정적 언어의

악순환은 이렇게 시작된다.

2013년 교육부 언어폭력 실태조사에 따르면 학교폭력 유형 중 피해비율이 가장 높은 것이 언어폭력으로 나타났다. 거친 말, 비난, 욕 등 부정적 언어는 듣는 사람에게 심각한 정신적 스트레스를 발생시켜 2차 폭력의 주원인이 된다.

EBS 다큐프라임 〈언어폭력개선 프로젝트〉 2부 '욕, 세상을 병들게 하다'는 부정적 언어가 초래하는 결과를 실험으로 보여준다. 우리가 욕을 할 때는 갈색 침전물이 나오는데 이 침전물을 모아 생쥐에게 주입했다. 갈색 침전물이 주입된 생쥐는 얼마간의 시간이 흐르자 안타까운 죽음을 맞는다.

부정적 언어는 신체폭력만큼 무섭다. 아이들이 무심코 하는 부정적인 말은 친구뿐만 아니라 나 자신을 병들게 한다.

⭐🌈 긍정의 관점으로 바꾸기

A : "물이 반이나 차 있네."
B : "물이 반밖에 안 남았네."

물을 보는 두 사람의 차이가 느껴지는가? 어떤 관점으로 보느냐에 따라 긍정적 또는 부정적으로 해석할 수 있다. 평소 내가 어떤 환경에 노출되어 있는가에 따라 상황을 바라보는 눈은 달라진다. 서로의 환경에서 쌓이는 에너지 값이 다르기 때문이다.

EBS 다큐프라임 〈언어발달의 수수께끼〉는 외부에서 들어오는 언어가 나의 에너지 값이 된다는 것을 잘 보여주고 있다. 이 프로그램은 아이들을 대상으로 긍정 단어와 부정 단어에 노출시킨 뒤 아이들의 반응을 각각 살피는 실험이다.

두 그룹으로 나눠 한 그룹은 '착한' '밝은' '꽃' '겸손한' '도와주다' '양보하다' 등의 긍정 단어들로 문장 만드는 1차적 활동을 하게 했고, 또 다른 그룹은 '도둑' '어두운' '거친' '회초리' '분노' 등의 부정 단어로 똑같은 활동을 했다. 주어진 단어로 문장을 만드는 활동을 한 뒤 아이들은 2차 실험을 하게 된다. 복도에서 일부러 다른 아이와 부딪히는 상황을 설정하고, 아이들이 어떻게 반응하는지 살피는 실험이다.

긍정 단어에 노출된 아이들은 복도에서 서로 부딪혔을 때 먼저 "미안해!" "괜찮아?" 등 사과를 하거나 유연한 반응이었다. 그런데 부정단어에 노출된 아이들은 "앞 좀 똑바로 보고 다녀!" "아, 진짜!" 등 째려보거나 불쾌한 감정을 상대에게 그대로 내비쳤다. 노출된 값에 따라 아이들은 각각 다르게 반응했다. 긍정적 단어를 접한 아이들은 긍정의 행동을 표출했고, 부정적 단어를 접한 아이들은 부정적 행동을 표출했다.

우리 아이는 어떤 환경에 노출되어 있을까? 지금 무엇을 보고 있을까? 아이가 지금 보고 있는 것이 바로 내 아이의 에너지 값이다. 엄마의 긍정적 말, 행동, 마음이 아이의 긍정 관점을 만든다.

⭐ 긍정적 관점으로
바꿔주는 책

《어떤 고양이가 보이니?》
브랜든 웬젤 글·그림, 애플비북스

"작은 변화를 원하면 행동을 바꾸고 큰 변화를 원하면 보는 관점을 바꿔라."

스티븐 코비 박사의 말이다. 《어떤 고양이가 보이니?》는 관점에 대한 중요성을 일깨우는 그림책이다. 긍정적 관점을 만들기 위해 '아이 마음의 그릇에 무엇을 담아야 하는가'라는 질문에 대한 해답을 명쾌하게 제시한다.

"너 때문에 선생님께 혼났잖아!"
"네가 땅꼬마라고 먼저 놀렸잖아!"
"너도 나한테 기분 나쁘게 웃었잖아!"

싸움이 시작되면 대분의 아이들은 서로를 탓하기 바쁘다. 싸우는 행동이 나쁘다는 것은 알지만 상대가 나를 탓할 때 불쾌한 감정을 통제하는 것은 쉬운 일이 아니다. 어떤 아이는 자신의 정당함을 주장하기 위해 맞서 싸워야 한다고 말한다. 나름 문제해결을 하기 위한 방법일 수도 있다.

우리 아이가 친구와 같은 방법으로 서로 비난하고 탓할 때 아이 마음에는 어떤 에너지가 저장되고 있을까? 가해 아이와 똑같은 부정 에너지가 저장된다. 부정적인 말에 자극 받아 부정적으로 반응할 수밖에 없는 점화효과(priming effect)가 일어나 서로가 부정적인 영향을 주기 때문이다.

《어떤 고양이가 보이니?》는 이런 아이들에게 관점의 프레임을 긍정적으로 바꿔준다. 자신의 시각과 생각의 틀에 따라 사물이 달라질 수 있다는 중요성을 일깨워준다.

이 그림책에는 한 마리의 고양이가 등장한다. 그런데 동물들의 눈에는 같은 고양이가 모두 다른 모습으로 보인다. 강아지는 얄미운 고양이가 보였고, 여우는 오동통한 고양이를 본다. 생쥐는 무시무시한 고양이를 보고, 꿀벌은 알록달록 점으로 된 고양이를 보았다. 분명 모두 같은 고양이를 보았지만 고양이는 마치 여러 마리인 것 같다. 동물들은 왜 같은 고양이를 모두 다르게 본 것일까?

"강아지는 주인에게 자기가 더 예쁨 받고 싶어서 질투 나서 얄미워 보인 걸까?"

"여우는 배가 고파서일까?"

"고양이 자신마저 왜 진짜 모습과 다르게 보았을까?"

"진짜 고양이는 어떻게 생겼을까?"

이 책을 읽는 동안 아이들이 만든 질문이다. 아이들은 질문을 만들면서 왜 고양이가 모두에게 다르게 보였는지 스스로 알아냈다. 각자가 고집하는 생각의 틀이 있는데, 그 틀 안에 갇혀 있으면 제대로 볼 수 없다는 것이다.

"알록달록 고양이가 진짜 고양이 모습일까?"

한 걸음 더 나아가 아이들은 알록달록 고양이가 진짜 고양이라고 말한다. 한 사람의 틀에 박힌 시각이 아니라 여러 명의 눈이 합쳐진 알록달록처럼 다양한 관점에서 바라봐야 제대로 진짜를 볼 수 있기 때문이다. 아이들은 스스로 알록달록 여러 마리의 동물 눈이 되겠다고 말한다. 앞으로 친구랑 싸울 때도 자기생각만 하면 친구의 단점만 보이니까 일부러라도 알록달록 고양이처럼 아름다운 걸 볼 수 있도록 노력하겠다고 한다. 지금 내가 보고 있는 것이 나의 행동이 되고 생각이 된다는 것을 아이들은 알고 있다.

내 아이를 위해 이제 엄마가 고민할 차례다. 오늘 나는 어떤 환경을 만들어줄까?

《어떤 고양이가 보이니?》 질문대화 독서법

다른 사람을 나쁘게 바라보면 나의 마음에도 나쁜 마음이 쌓인다는 것을 알려주자. 아이 생각의 프레임을 전환시키는 데 중점을 두고 이 책을 읽으면 된다.

❶ 도형 그리기 게임

★ 엄마가 세모, 네모, 동그라미를 활용해 종이에 그림을 그린다.

★ 엄마의 설명만 듣고 아이에게 그려보라고 한다.

★ 원본 그림과 비교한다.

"설명을 잘해도, 잘 들어도 그림이 다를 수밖에 없는 이유가 뭘까?"

★ 서로에게 입장의 차이가 존재하기 때문에 다양한 관점으로 생각해야 한다는 것을 알려준다.

❷ 질문하며 책 읽기

"파란 운동화 아이와 강아지가 고양이를 다르게 본 이유는 무엇일까?"

"고양이 자신마저 왜 진짜 모습과 다르게 보았을까?"

"진짜 고양이는 어떻게 생겼을까?"

"너는 고양이가 어떻게 보여?"

"모두 같은 고양이를 본 것인데, 왜 다른 고양이를 본 것 같을까?"

❸ 알록달록 고양이 되기

★ 서로의 장점 또는 미덕을 찾아준다.

★ 127쪽의 '미덕'을 활용한다.

★ 스티커를 활용해 몸에 붙여준다.

왕따가 될까봐
용기를 못 내요

왕따는 누구의 책임일까?
피해자, 가해자, 방관자 모두의 자각이 중요하다.

 **왕따의
원인은?**

"왕따당하는 아이는 어떤 문제가 있기에 따돌림을 당하는 걸까?"

6학년 학급을 대상으로 '왕따'에 대한 주제로 수업을 했을 때다. 책 읽기 전 아이들에게 따돌림 하는 이유를 물었다.

"싫어할 만한 행동을 해요!"
"그냥 재수 없어요. 잘난 척하기도 하고요."

"운동을 못해요."

"잘 안 씻고 다녀서 냄새나요."

"모르겠어요."

아이들은 '따돌림당하는 아이가 싫어할 만한 행동을 해서'라고 대답한다. 그렇다면 왕따의 책임은 누구에게 있을까? 아이들은 '왕따당하는 아이가 가장 큰 책임이 있다'고 했다.

그런데 선우는 두 질문 모두 '모르겠다'고 대답한다.

"전 이전 학교에서 2가지 입장을 다 경험해봤어요. 제가 모르겠다고 대답한 이유는 제 마음이 제 의지대로 되지 않아서예요. 왕따당할 때는 친구들에게 멈추라고 말할 용기가 나지 않았고, 왕따가 아닐 때는 친구들의 눈치를 봐야 해서 저도 그 친구 험담을 같이 했어요."

선우는 왕따를 당해봐서 왕따친구의 마음을 잘 안다. 그런데도 다른 친구가 왕따당할 때 자신도 그 친구의 험담을 하면서 함께 따돌렸단다. 혹시 친구들에게 맞장구쳐주지 않으면 또 왕따당할까봐 걱정이 되어서 함께 욕을 했단다. 마음이 불편해 그만하고 싶어도 자신의 의지대로 잘 되지 않는단다. 선우는 이런 상황에서 자신이 어떻게 행동하는 것이 맞는지 모르겠다며 솔직하게 말해주었다.

선우의 대답은 왕따가 쉽게 해결할 수 없는 문제임을 너무나도 잘 보여주고 있다. 따돌림을 해결하는 방법은 무엇일까?

✦★ 따돌림을
🌈 해결하는 방법

따돌림을 당할 이유는 없다. 그런데도 아이들은 따돌림을 한다. 마음에 들지 않는다는 이유로 누군가에게 상처를 준다. 심각한 문제는 따돌림을 자행하면서 자신이 가해자인지조차 자각하지 못하는 데 있다.

하지만 해결방법은 있다. <u>문제해결의 시작은 선우의 딜레마처럼 아이들이 불편한 마음을 자각하는 데서부터 출발하면 된다.</u>

"흠, 나도 어떻게든 해야겠어…."

"뭘 하는데?"

"뭐든, 내 문제니까 너는 신경 꺼."

"그래? 알았어. 어차피 나랑은 상관없는 일 같네."

"그렇게 남 얘기하듯 하지 마! 처음부터 너 때문에 이렇게 된 거야! 알지도 못하면서! 더 이상 어린애가 아니니까 주변 사람의 마음을 좀 헤아리고 살아!"

후쿠다 다카히로의《넘어진 교실》에 나오는 대화다. 반 친구들의 따돌림에 책임감을 느낀 사유리가 이토에게 어떻게 문제해결을 할지 이야기하는 장면이다.

《넘어진 교실》은 한 아이를 재미삼아 괴롭히고, 괴롭힘을 당한 아이가 또 다른 아이를 괴롭히는 왕따의 악순환을 보여준다. 그리고 사유리처럼 왕따 문제를 인식하고 해결하는 과정도 입체적으로 잘 나타나 있다.

사유리는 이토가 방관자적 태도를 보일 때 직감한다. 결국 왕따 문제를 해결하려면 상대의 마음을 헤아리는 데서부터 출발해야 한다는 것을 인식한다. 그리고 왕따는 혼자의 문제가 아니라 모두의 문제라는 것을 깨닫는다. 모두가 함께 노력할 때 왕따 문제가 비로소 해결될 수 있다고 생각한다.

왕따는 모두가 가해자고, 또한 모두가 피해자다. 그저 방관하고 묵인하는 태도는 계속 악순환만 부를 뿐이다. 지금 내가 피해자가 아닌 이유는 잠시 다른 곳으로 옮겨갔을 뿐, 언제든 나에게 올 수 있는 일이다.

그러므로 피하면 이 문제는 절대 해결되지 않는다. 피해자는 아픔을 말할 용기, 방관자는 문제를 자각할 용기, 가해자는 자신의 행동을 사과할 용기 등 각자의 위치에서 할 수 있는 일들을 찾아서 움직일 때 변화는 일어난다.

왕따 문제해결을 돕는 책

《넘어진 교실》
후쿠다 다카히로 글, 김영인 옮김, 개암나무

"왕따가 된 데에는 그 애 잘못도 있지 않나 싶기도 하고….."
"그때 행동이 지금까지도 후회돼. 그 애는 전혀 나쁜 애가 아니었어. 너는 그 아이에게도 책임이 있는 것 아니냐고 하지만 절대 그렇지 않아. 그건 따돌리는 애들이 하는 변명일 뿐이야."

《넘어진 교실》은 왜 따돌림이 일어나는지, 어떻게 이 문제를 해결하는지 그 과정을 잘 보여주고 있는 작품이다. 가해자와 피해자가 겪는 고통을 중심으로 왕따는 누구의 문제인지, 누구의 책임인가를 속 시원히 말해준다.

6학년 아이들과 이 책을 읽고 스위칭 토론을 하면서 합리적인 해결방안을 모색했다. 아이들은 저마다 각자의 위치에서 할 수 있는 역할에 대해 깊은 고민을 했다.

'왕따는 과연 누구 때문에 생기는 걸까?'라는 논제로 '왕따당하는 본인의 책임이다' '따돌리는 친구들의 책임이다'로 두 입장을 모두 다 경험하고 아이들 스스로 답을 찾아냈다. 아이들은 바람직한 관계개선을 위해서는 역할을 더 세분화해야 한다고 했다. 왕따가 따돌림당하는 아이 혼자만의 문제가 아니라 따돌림시키는 친구들까지 모두의 문제인 만큼 문제해결을 위해서는 선생님, 부모님까지 범위를 더욱 넓혀야 한다고 말했다. 아이들은 서로를 위해서 모두가 어떤 노력을 해야 하는지 탁월할 정도로 해결점을 너무나 잘 찾았다.

나 : 절대 방관자가 되지 않는다, 주위에 관심을 기울인다, 망설이지 않고 자신감을 가진다, 하고 싶은 말은 당당히 주장한다, 혼자된다는 것을 두려워하지 않는다, 도움을 요청한다.

친구들 : 이기적인 생각을 버린다, 편견을 버린다, 상대방의 장점을 찾는다, 친구 덕분에 고마웠던 일을 생각한다, 존중하는 마음을 갖는다, 따돌리면 언젠가 자신에게 돌아온다는 것을 생각한다, 협동심을 기른다.

선생님 : 공부 잘하는 친구만 예뻐하지 말고 모두에게 관심을 준다, 고민상담 시간을 매주 가진다, 내성적인 친구에게 관심을 더 쏟아주신다, 반 친구들 자율에만 맡기지 말고 가끔은 선생님이 자리와 모둠을 정해주신다.

부모님 : 자주 대화를 한다, 칭찬을 많이 해준다, 화를 줄인다, 가족 고민노트를 만든다.

아이들은 이 문제를 가지고 토론하면서, 그동안 말하지 않았지만 곤경에 처한 약자를 보며 모른 척했거나 비웃었던 자신이 불편하고 후회스럽다고 했다. 무엇보다 책 속의 모리타처럼 이제 더이상은 장난으로라도 친구를 따돌리는 일 따위는 하고 싶지 않다고 다짐했다. 아이들은 스스로의 행동에 나름의 책임감을 가지려 노력했다.

왕따는 나만의 문제도, 너만의 문제도 아닌 우리 모두의 문제다. 피해자, 가해자, 방관자 모두가 책임을 자각할 때 의미 있는 관계 맺기가 가능하다.

《넘어진 교실》 질문대화 독서법

왕따 문제는 따돌림당하는 아이와 따돌림시키는 아이 모두에게 책임이 있다는 것을 인지시키는 데 중점을 두자. 이 책을 읽으며 장면마다 인물들의 행동에 대해 어떻게 생각하는지 서로의 의견을 주고받으면 된다.

❶ 표지 보며 내용 상상하기

❷ 읽는 동안 인상 깊은 장면, 대화를 고르고 이유 말하기

❸ 친구들의 행동에 대해 이야기하기

블루, 이토카와, 이토, 이토 주변 친구들, 오렌지, 히나, 미네기시, 미네기시 주변 친구들의 행동에 대해 "어떻게 생각해?"라고 서로의 생각을 말해보자.

❹ 궁금한 것 질문하고 경험에 비춰 해답 찾기

"자유롭게 모둠 정할 때 블루처럼 못 정했던 적 있어?"

"'내가 잘못된 행동을 하고 있구나'를 자각하는 방법은 무엇이 있을까?"

"놀림을 당할 때 왜 반격을 하지 않는 걸까?"

"한 사람이 놀리면 왜 주변 친구들은 따라 하는 걸까?"

"따돌림당하는 친구가 비난 받을 만한 행동을 진짜 한걸까?"

❺ 스위칭 토론하기

★ 논제: 왕따는 누구에게 책임이 있는 걸까? 왕따당하는 아이 vs 왕따 시키는 친구들

★ 두 팀으로 나누어 각자의 입장에서 근거를 제시한다.

★ 입장을 바꿔서 다시 토론한다. 상대가 제시했던 근거를 활용해도 된다.

❻ 합리적 해결방안 모색하기

★ 나, 친구들, 선생님, 부모님 등 각자의 위치에서 노력해야 할 점을 고민한다.

친구관계에서 오는
갈등 해결방법

갈등은 오해에서 비롯된다.
'경험차이'를 인정하고 수용하도록 도와주자.

★ '경험차이'가 빚는
갈등

아동상담 전문가 이보연 박사는 아이들 사이에서 갈등 원인은 '경험차이'에서 비롯된다고 말한다. 말과 행동 같은 하나의 메시지를 각자의 경험으로만 해석하기 때문에 친구관계에서 오해가 생기고 갈등이 빚어진다는 것이다.

"네가 나한테 어떻게 그럴 수 있어?"
"우리 사이에 어떻게 그런 얘기를 할 수 있어?"

친구 사이의 갈등이 시작될 때 아이들이 흔히 하는 말이다. 아이들은 상대의 행동과 말이 자신의 기대에 어긋날 때 오해를 쉽게 한다. 서로의 입장을 이해한다지만 이럴 때 이해는 나의 경험치 안에서만 이루어지기 때문에 상대를 온전히 받아들이지 못하는 것이다.

나의 경험과 친구의 경험은 분명 다르다. 서로의 경험이나 환경을 이해하고 인정할 때 갈등을 최소화할 수 있다.

서로의 '경험차이'를 이해하기

갈등해결은 다름을 이해하고 인정하는 것처럼 상대의 경험에서 오는 차이까지 수용할 때 이루어진다.

황선미의 동화《건방진 장루이와 68일》에서 장루이와 반 친구들은 서로의 경험차이 때문에 관계가 나빠진다. 오윤기와 장루이는 몸싸움까지 벌인다.

장루이는 요리시간에 쿠키를 가져온다. 친구들은 쿠키가 맛있다며 너도나도 즐겁게 먹는다. 엄마에게 만들어 달랠 거라며 재료가 무엇인지 묻는 아이도 있다. 장루이가 친구들에게 쿠키는 딱정벌레 유충으로 만들었다고 말하자 교실은 한바탕 난리가 난다. 여학생들은 비명을 지르고 구토까지 한다.

친구들의 예상치 못한 반응에 장루이도 '멍청이들'이라며 한마디 던진다. 친구들과 오윤기는 장루이가 자신들을 놀래키고 장난칠 목적으로 쿠키를 가져왔다고 생각한다. 이 일을 계기로 오윤기는 장루이와 몸싸움을 벌이고, 반 친구들 모두가 장루이의 적이 되고 말았다.

"난 수업에 충실했을 뿐이야."
"놀래줄 생각이 없었다면 우리한테 설명했어야지."
"너희는 잘했냐? 내 의견을 묻지도 않았잖아."

오윤기와 장루이가 화해를 할 때 하던 대화다. 장루이는 친구들을 놀릴 생각이 아니라 음식의 소중함을 알리기 위해 밀웜쿠키를 가져왔다. 아이들은 장루이의 의도는 모른 채 '벌레유충'이라는 말에 오해부터 했다.

장루이는 밀웜을 키우는 농장을 다닐 만큼 미래의 식량자원에 관심이 많다. 자신이 알고 있던 밀웜쿠키를 요리시간에 가져갔을 뿐인데 오해의 원인이 되어버렸다.

밀웜쿠키는 서로의 사전지식 차이에서 일어난 안타까운 상황이다. 장루이는 밀웜에 대해 친구들도 당연히 알고 있다고 생각한 것이었다. 친구들과 장루이의 경험차이가 갈등의 원인이 된 것이었다.

만약 장루이가 밀웜쿠키를 내밀기 전에 충분히 설명했다면 어땠을까? 아이들이 장루이에게 밀웜쿠키를 왜 가져왔는지 먼저 물어봤다면 어땠을까? 그랬다면 갈등의 골은 깊어지지 않았을 것이다. 오윤기와 장루이가 화해했던 순간처럼 상대와 나의 경험차이를 인정하고 서로의 경험을 나누는 대화를 하면 진심은 반드시 통한다.

★ 친구관계 갈등을 풀어주는 책

《건방진 장루이와 68일》
황선미 글, 수신지 그림, 위즈덤하우스

《건방진 장루이와 68일》은 진정한 친구가 되어가는 과정을 그려놓은 책이다.

비온 뒤 땅이 더 단단해지는 것처럼 친구 사이에서도 오해와 갈등을 잘 해결하고 진짜 친구가 되어가는 모습을 보여준다. 서로의 차이를 이해하고 노력하는 인물들의 모습이 그저 예쁘다.

"오윤기와 장루이가 모두 변한 것 같아요. 그 이유가 무엇일까요?"

이 책을 읽고 한 아이가 질문했다. 오윤기는 장루이가 전학 오기 전까지 눈에 띄지 않는 보통의 아이였고, 장루이는 똑똑하지만 차가운 성격의 아이였다. 이런 두 아이는 갈등을 겪으면서 점점 변해간다. 오윤기는 자신감이 부족했지만 갈등을 해결하면서 자신감을 찾았고, 장루이는 오윤기와 오해를 풀기 위한 과정에서 마음의 문을 열었다. 둘은 왜 변한 걸까?

갈등은 오해에서 비롯되었지만 오해를 풀기 위해 오윤기도, 장루이도 각자의 방식대로 용기를 냈다. 오윤기는 장루이에게 사과의 전화를 먼저 걸었고, 장루이는 오윤기를 공원으로 데려가 밀웜을 보여줬다. 이들은 단순히 쌓인 오해만 풀었던 게 아니다. 갈등을 해결하기 위한 노력을 함으로써 서로의 마음에 긍정적인 파장을 일으켰다. 상대에게 손을 내밀고 그 손을 잡고 나를 알리는 소소한 과정에서 아이들은 자신도 모르게 성장했던 것이다. 오윤기는 오윤기대로, 장루이는 장루이대로 둘의 노력은 상대를 기분 좋게 변화시켰다.

황선미 작가는 아이의 시간이 어른의 시간을 결정한다고 말한다. 아이로 사는 시간은 짧지만 그때 어떤 시간을 보냈는가에 따라서 각기 다른 어른이 된단다. 그래서 아이들이 우울하고 외로운 시간보다는 행복하고 즐거운 어린 시절을 위해 단 한 명의 내 편, 장루이와 오윤기 같은 친구를 만나길 바란다고 한다. 우리 아이가 친구와 행복한 추억을 많이 만들 수 있도록 이 책으로 그 비법을 알려주자.

《건방진 장루이와 68일》 질문대화 독서법

오해와 갈등은 누구에게나 생길 수 있는 일이다. 이 책을 읽는 동안 오윤기와 장루이가 서로에게 다가가는 과정에 집중해서 읽어보자.

❶ 서로를 알아가는 스무고개 게임

★ '나'와 관련 있는 제시어를 종이에 적고, 짝이 나의 제시어를 맞힌다.

★ 질문을 하면서 제시어의 힌트를 얻는다.

★ 정답을 말한다.

★ 서로를 알려는 노력에 의미부여하기

　"질문하지 않았으면 우리는 서로를 알 수 있었을까?"

❷ 표지 그림으로 흥미 유발하기

　"아이들 표정이 왜 이럴까?"

　"무슨 일이 있었던 걸까?"

　"제목에 나오는 이름 장루이는 누구일까? 표지에서 찾아볼까?"

❸ 읽는 도중 각각의 장면들과 비슷한 경험 떠올리기

　"새 학기 시작하는 날, 너희 교실은 분위기가 어때?"

　"현장체험학습 가는 날 아침, 비가 내린 적 있었어?"

　"어떤 방학숙제가 가장 하기 싫었어?"

❹ 내용 질문하면서 읽기

　"친구들은 왜 장루이가 밀월쿠키를 가져온 이유를 오해했을까?"

　"장루이는 왜 친구들에게 사실대로 말하지 않았을까?"

　"오해는 어떻게 생기는 걸까? 너도 그런 경험 있어?"

　"오윤기와 장루이는 어떻게 사이좋은 친구가 되었을까?"

　"용기는 어떤 상황에서 내야 하는 걸까?"

❺ 뒷이야기 상상하기

　"장루이와 오윤기가 화해하고 난 뒤 둘은 어떻게 되었을까?"

사회성이 아이의
행복지수를 결정한다

사회성이 높은 아이가 행복지수도 높다.
아이의 행복지수가 행복한 관계 맺기를 부른다.

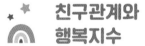

친구관계와
행복지수

심리학자 아론은 행복지수가 높은 아이들이 사회적 연결성도 뛰어나다고 말한다. 행복지수가 높은 아이는 긍정정서가 높기 때문에 자신을 이해하거나 타인에게 공감하는 능력이 뛰어나다. 또한 아이의 긍정적 공감능력이 친구와 원만한 교류를 가능하게 하고, 이때 아이의 행복지수는 더 높아진다고 한다.

채상우의 그림책 《파랑이 싫어!》에는 달팽이와 사자의 행복한 이야기가 나온다. 달팽이는 파랑을 싫어하던 사자에게 파랑을 좋아하도록 이끌어준다. "저리 가. 저리 가!" "오지 마. 오지 마!" 사자는 파랑이 싫다며 도망만 다닌다. 친구들은 모두 파랑호수에서 신나게 노는데, 사자만 파랑을 피해 다닌다. 사자에게 파랑은 낯설어 두렵기만 하다. "사자야~ 사자야!" "사자 좋아!" 달팽이는 포기하지 않고 사자에게 손을 내민다. 그 덕분에 사자는 용기를 낼 수 있었다. 사자는 두려움을 극복하고 파랑의 즐거움을 온몸으로 느끼게 된다.

"달팽이에게도 사자가 두려운 존재였을 텐데 어떻게 달팽이는 사자에게 다가갈 수 있었을까?" 이 책을 읽은 아이들은 이 점이 궁금하다.

아이들은 달팽이가 없었다면 사자가 파랑을 좋아할 수 없었다는 것을 알지만 달팽이의 행동이 이해가 안 간다고 말한다. 게다가 동물 친구들 중 달팽이는 가장 작다.

"달팽이도 누군가의 도움을 받은 적이 있지 않을까요?"

가장 작은 달팽이가 사자를 따라갈 수 있었던 용기는 예전에 여우나 개구리 같은 동물들이 달팽이에게 먼저 놀자고 말해주었기 때문이란다. 달팽이는 그때 친구들에게 고마움을 느꼈고, 그 고마움이 사자에게 전달된 것이다. 친구들의 세심한 리드 덕분에 달팽이도 사자의 두려움을 이해할 수 있는 마음을 가지게 되었다. 어쩌면 사자도 자기와 같은 친구를 다음에 만나면 도와줄지 모른다.

아이들 말처럼 친구들도, 달팽이도 서로 덕분에 친구를 이해하고 먼저 다가가는 공감의 마음이 생겼다. 그리고 행복한 관계는 물결의 파장처럼 모두의 행복감을 불렀다. 아이의 행복지수는 행복한 관계에서 더 높아진다.

⭐ 행복한 관계 맺기

달라이 라마는 혼자는 행복해질 수 없다고 말했다. 원하든, 원하지 않든 우리는 서로 연결되어 있기 때문이다. 그는 더불어 살아갈 때 가장 행복하다고 했다.

"혼자 남겨진 왕은 사람들을 보면서 무슨 생각을 했을까?"
"사람들은 왕으로부터 쫓겨났는데 왜 행복해할까?"
"왕은 왜 성벽을 허물지 않을까?"

이범재의 그림책《혼자 남은 착한왕》을 읽었을 때 아이들의 질문이다.

왕은 착하지 않은 모든 것을 성 밖으로 내다 버린다. 낡은 물건, 오래된 물건을 내다 버렸을 뿐만 아니라 엉뚱한 사람, 가난한 사람, 무식한 사람도 착하지 않다는 이유로 나라 밖으로 쫓아낸다. 자신의 기준에서 보기 싫은 모든 것을 떠나보내고, 왕은 결국 혼자 남는다. 그런데 성에서 쫓겨난 사람들은 성 안에서보다 오히려 행복한 표정이다. 아이들은 이 내용을 보고 질문으로 생각을 표현했다.

혼자 덩그러니 남겨진 왕과 비록 쫓겨났지만 모두 어울려 행복하게 사는 사람들의 모습은 아이들에게 관계에서 오는 행복과 불행에 대해 생각하게 했다. 아이들은 성벽의 높이만큼 왕이 불행할 것이라 한다. 벽의 높이가 사람들과의 소통을 단절시키는 외로움이기 때문이다.

왕은 왜 벽을 허물지 않을까? 아이들은 혼자 있는 왕이 불쌍하다며 자기가 벽을 무너뜨려주고 싶단다. 왕은 사람들의 마음을 이해하고 헤아리는 마음이 부족해서 불행한 것이라며 왕에게 필요한 미덕을 선물했다. '화합' '이해' '인정' '배려' '경청', 행복하게 살려면 이 5가지 마음을 꼭 가지고 있어야 한단다. 쫓겨난 사람들이 행복할 수 있었던 이유는 '함께라서', 그리고 '왕의 독선을 보며 이런 마음이 꼭 있어야 불행하지 않겠구나'를 느껴서란다. 행복은 모두 함께 있을 때 그리고 서로의 마음을 헤아릴 때 느끼는 감정이라고 아이들은 말한다.

행복한 관계 맺기를 도와주는 책

《화요일의 두꺼비》
러셀 에릭슨 글, 김종도 그림,
햇살과나무꾼 옮김, 사계절

아이의 긍정정서는 호기심을 일으키고 스트레스에 잘 대처하도록 돕기에 좋은 친구관계를 맺게 한다.《화요일의 두꺼비》에 나오는 두꺼비 워턴은 매사에 긍정적이다. 올빼미에게 잡혀 올빼미 집으로 갔을 때도 콧노래를 흥얼거렸다. 워턴은 자신을 잡아먹겠다는 올빼미가 두렵지만 그럼에도 다정다감하게 올빼미를 대한다. 결국 두꺼비 워턴의 따뜻하고 긍정적인 성격이 냉소적이고 무뚝뚝한 올빼미를 변화시켰다. 천적 관계인 올빼미와 두꺼비 워턴은 서로 친구가 된다.

"내 말은… 물론 난 친구가 필요 없어… 하지만… 만약 친구를 사귄다면… 바로 너… 너 같은 친구였으면 좋겠어."

친구 따위는 필요 없고 그딴 거 사귀고 싶지도 않다던 올빼미는 워턴과 일주일을 함께 지낸 뒤 워턴의 친구가 되고 싶어 한다.

혼자 있는 것이 좋다던 올빼미는 워턴으로 인해 친구라는 존재가 얼마나 든든한 힘이 되는지 알게 된다.

"올빼미 조지는 왜 두꺼비 워턴과 친구가 되고 싶었을까?"
"혼자 있는 아이보다 친구가 있는 아이가 더 많이 웃을 수 있으니까."

이 책을 읽으며 한 아이가 질문했을 때 듣고 있던 짝인 연서가 대답했다. 연서는 자신도 친구가 없을 때 올빼미처럼 많이 외로웠다며 그때 같이 놀아준 친구와 단짝이 되었다고 말했다. 그리고 자신은 원래 내성적이고 부끄러움이 많아서 먼저 말을 못하는데, 먼저 다가와준 친구의 고마움 덕분에 자기도 가끔은 혼자 있는 아이에게 일부러 말을 건다고 했다.

연서는 친구가 되려면 어떤 마음이 있어야 하는지 말했다. 조금 서툴러도 먼저 진심을 보이면 이 진심이 든든한 우정이 될 거라고 한다. 워턴과 조지가 목숨을 걸고 서로를 위해 싸울 수 있었던 것도 서로가 보여준 진심 덕분이었다. 연서는 처음 자기에게 다가와준 지금의 단짝 친구의 마음을 절대 잊지 않을 것이라 했다. 자신도 워턴처럼 어디서나 웃음과 여유로 친구를 대할 것이라고 말한다.

이 책은 아이들에게 서로를 변화시키는 우정은 어떻게 만들어지는지 잘 보여준다. 아이들은 워턴과 조지 그리고 사슴쥐의 도움을 통해 진심이 통하는 행복한 관계가 무엇인지 느낄 수 있다.

《화요일의 두꺼비》 질문대화 독서법

워턴과 조지가 친구가 되어가는 과정에 중점을 두고 이 책을 읽어보자.

❶ 제목으로 내용 유추하기

"왜 제목이 '화요일의 두꺼비'일까?"

❷ 질문으로 대화하기

"워턴은 왜 올빼미에게 잡혔는데도 당황하지 않을까?"

"워턴과 지내는 일주일이 올빼미에게는 어떤 느낌이었을까?"

"왜 모든 사슴쥐들이 워턴을 도와줬을까?"

"워턴은 왜 조지를 구하러 갔을까?"

"만약 조지의 쪽지를 워턴이 일찍 보았다면 어떻게 되었을까?"

❸ '만약 나라면'으로 자기 삶에 적용하기

★ '간다 vs 가지 않는다' 스위칭 토론처럼 이야기해보기

"만약 나라면, 워턴처럼 조지를 구하러 갔을까?"

❹ '워턴'과 '조지'에게서 빛나거나 깨워야 할 미덕 찾기

❺ 종이비행기 접기 게임

★ 엄마 한 손, 아이 한 손. 한 손씩 사용해서 둘이 같이 비행기를 접는다.

★ 멀리 날린다.

★ 친구를 만나는 것도 둘이 함께 완성하는 비행기 접기와 같다고 의미를 부여해준다.

매일 20분 책 읽기로
아이의 공부습관을
만들 수 있다

아이의 공부머리는 책을 읽고 'Why?'를 묻는 습관에서 만들어진다.
책에서 발견한 'Why?'가 공부를 하고 싶은 즐거움을 만들고,
성취감을 자극하기 때문이다.
책을 읽고 던지는 하루 질문 하나!
이것이 아이의 자기주도학습 능력을 키우는 핵심이다.

휴대폰에 빠진 아이, 집중력과 사고력 키우기

휴대폰의 멀티태스킹이 아이의 집중력을 분산시킨다.
분산된 집중력과 사고력의 해답은 '질문'이다.

휴대폰, 왜 안 돼?

"폰 좀 그만해!"
"잠시만요. 이것만 하고요."

아무리 폰을 그만하라고 협박해도 그때뿐이고 어느새 아이 손에는 휴대폰이 들려져 있다. 잔소리하면 할수록 안 들킬 방법만 궁리한다. 근본적인 대책이 절실하지만 절제시키기가 쉽지 않다.

캘리포니아 대학 연구팀에 따르면, 디지털 과부하 속에서 사람들은 오히려 휴식시간을 빼앗겨 더 잘 배우고 더 기억하고 더 새로운 것을 생각할 능력을 잃는다고 한다. 그런 이유로 스티브 잡스뿐만 아니라 세계 IT업계를 리드하는 CEO, 구글의 직원들마저 자녀에게 휴대폰을 손에서 내려놓게 했다.

전문가들은 초등학생이 휴대폰 의존도가 높으면 집중력이 떨어지는 것은 물론 자신의 정체성을 망각하는 심각한 문제를 일으킨다고 말한다. 그리고 휴대폰의 의존도에서 벗어나는 대안으로 '자기결정동기'를 제시한다.

자기결정동기는 아이가 스스로 휴대폰을 멀리하려는 필요성을 느끼는 것이다. 아이가 필요를 느낄 때 절제하려는 의지가 생기고, 이것이 아이의 집중력을 키우는 원동력이 된다고 한다. 그리고 자기조절력에서 오는 아이의 집중력은 사고의 동력이 된다.

질문으로 '자기결정동기' 키우기

아이가 의지력과 사고력을 동시에 키울 수 있는 방법은 바로 스스로 하는 질문이다. 자율적인 학습은 스스로의 동기부여가 중요하다. 질문이 바로 아이를 자발적으로 움직이게 하는 동력이자, 문제 해결 능력을 키우는 강한 사고력이다.

"나는 하루에 휴대폰을 몇 시간 정도 사용할까?"

"나는 폰 중독일까?"

"몰입과 중독의 차이는 무엇일까?"

"만약 폰이 없다면 나는 무엇을 하고 있을까?"

"폰을 하는 동안 내가 잃어가는 것은 무엇일까?"

로이스 페터슨의 《휴대폰 전쟁》을 읽고 아이들이 만든 질문이다. 아이들은 이 책을 읽고 왜 제목이 휴대폰 전쟁인지 알 것 같다고 했다. 다리아는 휴대폰 때문에 소중한 것들을 놓치고 있었다.

아이들은 처음에 '휴대폰 전쟁'이라는 제목을 봤을 때 휴대폰 때문에 친구들과 싸우는 내용인 줄 알았단다. 그런데 휴대폰과의 전쟁은 결국 자기 자신과의 싸움이며, 싸워서 이겨야 자기에게 소중한 것들을 지킬 수 있음을 깨달았다고 했다. 이 과정에서 아이들은 자신을 점검하는 질문을 만들었다.

신기하게도 질문을 만들라고 하면 아이들의 태도는 달라진다. 질문은 아이들을 생각하게 하기 때문이다. 아이들은 질문의 연결고리를 통해 궁극적으로 자기 자신에 대한 질문을 던지게 된다. 이때 자신을 오롯이 바라보는 계기를 가지게 되는데, 아이들은 여기서 변한다. 자신의 경험을 떠올리며 자기 안에서 새로운 의미를 발견한다. "나를 위한 최선은 무엇일까" "어떻게 하면 될까"라는 질문으로 오랜 시간 잠들어 있던 '자기조절력'을 깨운다. '왜'라고 묻는 질문은 나에 대한 진짜 생각을 하게 하는 강력한 무기다.

질문으로 '자기결정동기' 키우기

《휴대폰 전쟁》
로이스 페터슨 글, 고수미 옮김,
푸른숲주니어

《휴대폰 전쟁》은 휴대폰, 컴퓨터, TV에 많이 노출된 아이들을 위해 부모님, 선생님이 아이와 함께 읽으면 좋은 책이다. 휴대폰 의존도가 높을수록 부모님과 선생님의 관심이 절실하다. 아이가 휴대폰 중독의 심각성을 깨닫고 스스로 통제하고 조절하려면 어른들의 진심어린 이해와 공감이 우선이다.

"난 휴대폰 중독 아니야! 이 정도는 친구들도 다 한다고!"

휴대폰에 빠져 있는 아이는 스스로 생각하는 힘을 잃은 상태다. 아이들은 스스로 휴대폰에 빠져 있음을 인정하지 않는 경우가 더 많다. 건전하게 즐길 수 있는 놀이시설과 여가문화가 부족한 환경에서 초등학생에게 휴대폰은 손쉽게 즐거움을 누릴 수 있는 최상의 놀이다. 그러나 초등학생은 정체성의 형성기이기 때문에 휴대폰 중독은 아이들에게 치명적인 결과를 가져온다. 가상세계와 현실세계의 경계에 대한 혼동뿐만 아니라 교우관계, 부모와의 관계, 학업성취, 심리상태 등 아이 생활 전반에 부정적 영향을 가져온다.

《휴대폰 전쟁》은 주인공 다리아를 통해 휴대폰 중독의 위험성에 대해 면밀히 살펴볼 수 있는 작품이다. 아이들은 다리아의 행동을 보면서 자신의 휴대폰 사용 습관을 되돌아보고, 자신이 안고 있는 문제의 심각성을 인식한다. 부모의 잔소리 없이 스스로 휴대폰과의 전쟁이 필요함을 느낀다.

"휴대폰 때문에 내가 잊고 있던 진짜 소중한 것들은 뭘까?"

"휴대폰이 없으면 친구들과 소통하기 힘들 거라 생각했지만 오히려 휴대폰이 소통차단의 주범이었다. 다리아가 케이든을 위험에 빠뜨린 것처럼 어쩌면 나도 휴대폰으로 누군가를 위험에 빠뜨리고 있을지 모른다."

아이들은 휴대폰에 대한 위기의식을 가진다. 이 책을 읽는 동안 휴대폰 중독에 대해 질문하고 토론하며 휴대폰을 바르게 사용하는 방법 등 스스로 자신을 통제하고 관리하는 다짐까지 한다.

부모님과 선생님은 아이들이 편향적이지 않게 합리적으로 대안을 잘 찾을 수 있도록 살짝 유도만 해주면 된다. 찬성·반대의 두 입장이 모두 되어보는 스위칭 토론으로 진행해보면 아이들끼리 열정적으로 해답을 찾아낼 것이다.

《휴대폰 전쟁》 질문대화 독서법

이 책을 읽으며 아이 스스로 휴대폰 사용에 대한 자각을 할 수 있도록 적절한 질문과 토론을 유도하면 된다. 스위칭 토론도 꼭 해보자.

❶ 표지 뒷면에 있는 '나도 휴대폰 중독? 자가진단 테스트' 하기

❷ 책을 읽기 전, '스몸비' 등의 단어에 대해 이야기하기

"스몸비가 뭔지 알아?"

"스마트폰과 좀비의 합성어야. 왜 이런 말이 생겼을까?"

❸ '휴대폰 전쟁' 제목으로 내용 유추하기

❹ 다리아의 행동, 부모님의 태도, 친구들의 반응에 대해 질문대화하기

"다리아는 엄마에게 휴대폰을 빼앗기고 무슨 생각을 했을까?"

"케이든이 부를 때 다리아는 왜 심각하게 생각하지 않았을까?"

"내가 다리아였다면 케이든이 다친 후 휴대폰 사용을 끊을 수 있었을까?"

"내가 주로 사용하는 휴대폰의 기능은?"

"휴대폰 없을 때 나는 어떤 놀이를 즐기나?"

"오늘 하루 나에게 가장 소중했던 것들을 나열해본다면?"

❺ 휴대폰의 필요에 대해 스위칭 토론하기

"초등학생에게 휴대폰은 필요 있다 vs 없다"

❻ 합리적 대안 찾고, 다짐 말하기

"휴대폰을 잘 사용하려면 어떤 방법이 필요할까?"

"휴대폰 때문에 잊고 있는 소중한 것은 무엇이 있을까?"

책 읽기 싫어하는 아이,
독서습관 기르기

말하기 독서가 내 아이의 독서습관을 부르고,
질문의 즐거움이 책 읽기 독립을 부른다.

즐거운 질문수다가
독서습관을 만든다

질문독서는 즐거운 수다다. 재잘재잘 마음껏 떠드는 수다의 즐거
움이 아이에게 책을 찾게 만든다.

"벌써 마칠 시간이 됐어요?"
"조금만 더 해요! 쉬는 시간 없어도 돼요."

질문독서가 끝날 때마다 아이들이 하는 말이다. 무려 2시간 동

안 책 읽기를 하는데 시간이 모자란다며 아쉬움을 자주 표현한다. 단지 책 수다만 떨었을 뿐인데 아이들은 한 명도 빠짐없이 마치 게임을 한 것처럼 흥분되어 있다. 질문독서를 하는 아이의 얼굴은 생기가 가득 돈다.

처음 책 읽기 수업을 하는 아이는 어깨를 축 늘어뜨리고 독서 교실로 들어온다. 수업이 끝나면 분명 재미있다고 흥분할 아이들이 왜 처음에는 '싫어요' '재미없어요' '지루하고 따분해요'라고 말하는 걸까? 책 읽기가 부담인 아이는 책이 재미있다는 경험을 하지 못했기 때문이다. 책이 싫은 아이에게는 재미를 경험시켜주면 된다. 2시간이 부족하다고 말하는 아이들처럼 재미는 습관을 만든다. 그게 바로 질문이 있는 즐거운 수다 독서법이다.

⭐ 질문독서로
읽기 독립까지

아이의 즐거운 수다는 자기가 궁금한 것을 질문할 때 시작된다. 질문권만 아이에게 맡겨도 아이들은 책 읽기를 좋아할 수밖에 없다.

존 셰스카의 《늑대가 들려주는 아기돼지 삼형제 이야기》를 읽었을 때다. 평소 책을 좋아하지 않던 성식이는 제목만 듣고 시시하다고 했다. 《아기돼지 삼형제》와 비슷할 거라며 책 읽기에 관심이 전혀 없었다. 책을 거의 다 낭독했을 때도 "그냥 늑대가 잘못한 거잖아요!"라며 생각을 단정 지었다. 그러던 성식이가 질문을 만들고 난 뒤부터 달라졌다.

이 그림책의 늑대는 돼지 집에 설탕을 빌리러 갔을 뿐 잡아먹기 위해 갔던 게 아니라고 주장한다. 어쩌다 사고가 일어났고 죽어 있는 돼지를 먹었다. 그런데 경찰들은 늑대를 감옥에 가둔다. 기자들은 신문 헤드라인에 늑대가 돼지를 의도적으로 잡아먹었다고 썼다. 늑대는 누명을 쓴 자기 이야기를 아무도 들어주지 않아 억울하다.

"여기가 돼지나라일까?"

친구들이 모두 질문을 적을 때 성식이도 어쩔 수 없이 질문 하나를 만들었다. 친구들은 성식이의 질문에 "웬 돼지나라?"라며 어리둥절한 표정이었다. 모두 내용에 집중하느라 그림을 자세히 관찰하지 않았기 때문이다. 그런데 성식이의 질문으로 경찰들이 모두 돼지로 그려져 있다는 중요한 사실을 알게 되었다.

그림을 본 다음, 아이들은 그때서야 신문기사의 내용도 편향적이라며 기자가 언론 플레이를 하는 것 같다고 흥분했다. 아이들은 어쩌면 늑대가 진짜 억울할 수도 있겠다며 사건을 정정당당하게 밝혀야 한다고 입을 모았다. 성식이와 아이들은 자신들이 직접 모의재판까지 열었다. 수업이 끝난 뒤 성식이가 소감발표를 했다.

"처음엔 대충 제목만 보고 집중하지 않았는데 우연히 만든 질문 덕분에 생각이 바뀌었어요."

책 읽기는 당연히 재미없을 줄 알았는데 질문 하나로 늑대에 대해서도 알게 되고, 친구들과 생각을 자유롭게 말하니까 재미있다고 말한다. 성식이는 모든 것은 가까이 다가가기 전에 알 수 없는데 자신의 생각이 그동안 얼마나 틀렸었는지 깨달았단다. 늑대가 나오는 다른 이야기책이 있으면 소개시켜 달라고도 했다.

이후 성식이는《행복한 늑대》《난 무서운 늑대라구!》부터《최후의 늑대》처럼 제법 두꺼운 책도 혼자 읽어냈다. 자기가 궁금한 것을 질문하면서 즐겁게 읽어 내려갔다.

《영업의 달인이 되는 법》의 저자 톰 홉킨스는 질문이 우리의 삶을 변화시킨다는 것을 강조하면서 "질문은 우리를 근사한 곳으로 안내한다"라고 말했다. 그리고 "훌륭한 질문은 더 그렇다"고 덧붙였다. 성식이의 질문은 성식이를 새로운 세계로 인도했다.

'왜'라는 훌륭한 질문은 성식이를 책 읽기의 근사한 곳으로 안내하는 마법과 같았다. 성식이의 질문은 성식이에게 스스로 알아가는 재미를 알게 했고, 즐거움이 있는 수다독서의 경험은 성식이에게 읽기독립을 시켰다. 질문으로 우리 아이의 머리와 가슴에 책 읽기 즐거움을 만들어줄 수 있다.

즐거운 질문독서를 돕는 책

《왜요?》
린제이 캠프 글, 토니 로스 그림,
바리 옮김, 베틀북

책을 싫어하는 아이에게는 즐거운 경험이 먼저다. 책을 읽는 동안 반복되는 즐거움이 아이를 책으로 이끈다. 아이들에게 책 읽기 즐거움과 질문의 재미를 동시에 줄 수 있는 책이 바로 《왜요?》다.

《왜요?》는 '왜'라고 묻는 질문의 힘을 아이와 부모의 일상을 통해 코믹하게 풀어놓은 작품이다.

"아빠는 릴리가 '왜요?'라는 말 좀 안 했으면 좋겠구나."
"왜요?"
"음, 그러니까, 그건 그냥 그런 거란다!"
"왜요?"

릴리는 온종일 "왜요?" "왜요?"라고 묻는 아이다. 아빠의 "옷 입어야지"라는 말에도 "왜요?", "집에 가서 점심 먹어야지"에도 "왜요?"라고 묻는다. 아빠는 집요한 릴리의 '왜요?' 때문에 머리가 지끈거리고 해줄 말도 딱히 생각나지 않아 가끔 괴로워한다.

질문은 아이의 호기심이다. 아이가 '나 여기 관심 있어요'라고 말하는 것과 같다. 아이의 '왜요?'는 아이의 말할 기회이자 생각의 시작이다. 릴리 아빠처럼 머리가 지끈거리는 순간이 와도 외면하면 안 된다. 아이의 놀라운 힘은 질문을 할 때 비로소 발휘되기 때문이다.

"지구인들아, 맘껏 떨어라! 우리는 너희 지구를 파괴하러 왔다!"

릴리가 공원에서 모래 장난을 치고 있을 때 외계인이 나타난다. 험상궂어 보이는 외계인들은 지구를 파괴하러 왔다며 사람들을 두려움에 떨게 한다. 바로 그때 릴리는 질문한다. "왜요?" 외계인은 예상치 못한 릴리의 질문에 당황한 채 서툰 대답을 한다.

아빠의 머리를 아프게 만들었던 릴리의 "왜요?" 질문은 여기서 또 발동한다. "왜요?" "왜요?" 계속 묻는 릴리의 집요함에 외계인은 결국 할 말을 잃어버린다. 더 이상 지구를 파괴해야 할 대답을 찾지 못한 외계인은 지구 파괴를 포기하고 우주로 돌아간다.

단순히 '말로 외계인을 물리친건가?'라고 생각할 수 있지만 릴리의 '왜요?'는 시사하는 바가 크다. 우리는 질문을 받으면 대답하려는 본능이 있다. 외계인이 릴리의 "왜요?" 질문을 받고 대답했던 것처럼 '왜?'라는 질문은 스스로 생각하게 만드는 힘이 있다. '왜?'는 생각의 연결고리들을 만들어 문제를 더 깊이 사고하게 한다.

'왜요?' '왜요?' '왜요?', 질문하는 것 자체가 아이들에게는 재미있게 생각을 키우는 활동이다. 질문하면서 책으로 즐겁게 놀다 보면 스스로 책 읽는 방법도 터득한다. 아이의 읽기독립은 여기서부터 시작된다.

《왜요?》 질문대화 독서법

아이가 질문 만들기에 익숙해지도록 재미있는 '질문놀이 게임'을 하면서 이 책을 읽어보자. 책 읽는 즐거움을 키우고 질문 만들기 연습을 하는 등 두 마리 토끼를 잡을 수 있다.

❶ 아이와 '왜요?' 게임하기
★ '왜~요?'라는 질문만 하나씩 말할 수 있다.
★ 대답을 하면 게임에서 진다.
　"왜 옷 입었어요?", "왜 웃고 있어요?", "왜 밥을 먹어요?" 등.

❷ 표지 보며 내용 상상하기
　"왜 제목이 '왜요?'일까?"

❸ 내용 읽으며 질문대화하기
　"릴리는 왜 계속 '왜요?'라고 할까?"
　"엄마도 릴리 아빠처럼 머리 아플 때가 있을까?"
　"'왜요?'라고 하면 어떤 좋은 점이 있을까?"
　"외계인은 왜 지구를 파괴하지 않고 그냥 돌아갔을까?"
　"너도 릴리처럼, 책에서 궁금한 질문을 해볼까?"

자신감이
공부 습관을 만든다

아이의 자신감을 높여주면 성취동기는 저절로 생긴다.
성취동기가 공부습관의 잠재적 원동력이다.

★ 자신감이
성취동기를 높인다

자신감은 어떤 일을 해낼 수 있다고 스스로 믿는 마음이고, 성취 동기는 무언가를 이루고자 하는 잠재적 원동력이다.《권력은 최고 의 동기부여다》의 저자이자 심리학자 맥클리랜드는 자신감이 높 은 아이들이 성취동기가 강한 편이기 때문에 아이의 자신감을 높 여주면 성취동기는 저절로 따라온다고 말한다.

공부를 싫어하는 아이들에게 "왜 공부가 싫어?"라고 물으면, 대부분의 아이들은 연습을 해도 계속 틀리니까 '나는 해도 안 되나봐'라는 생각 때문에 포기하고 싶고 피하고 싶다고 대답한다.

아이들은 열심히 해도 안 될 때 자신감을 잃어버린다. "나는 안 되나봐!", "나는 못해!" 떨어진 자신감이 도전하고자 하는 의지를 꺾는다. 이럴 때는 아이의 힘든 내면에 공감하고 노력 자체를 인정해주는 것이 중요하다. 아이의 자신감과 성취동기는 부모의 칭찬과 격려로 높아지기 때문이다.

★ 성취동기를 부르는 엄마의 한마디

심리학자 맥클리랜드는 부모의 긍정적인 말과 부정적인 말이 아이의 자신감과 성취동기 형성에 큰 영향을 미친다는 실험을 했다. 아이는 눈을 가린 상태로 블록을 쌓고, 엄마는 옆에서 말로만 설명하여 블록을 높이 쌓는 게임이다.

A그룹 엄마   "그렇게 하면 어떡해?"

"거봐, 넌 덜렁거리는 게 문제야!"

B그룹 엄마   "괜찮아, 조금만 더 해보자!"

"정말 잘하네. 넌 할 수 있어!"

두 그룹의 차이점이 느껴지는가? 아이들의 블록높이 쌓기는 B그룹이 A그룹보다 훨씬 좋은 결과를 얻었다. 두 그룹의 아이는 똑같이 눈을 가리고 힘들게 블록을 쌓았다. 하지만 엄마가 들려주는 말에 따라 두 그룹이 쌓은 블록의 높이는 달랐다. 비난과 부정의 말을 들은 아이는 스스로 포기하기도 하고, 엄마처럼 짜증도 냈다. 그러나 자신의 실수에 엄마가 잘할 수 있다고 격려해주고 노력에 대한 칭찬을 들은 아이는 실패의 순간에도 끝까지 블록을 쌓으려고 노력했다.

맥클리랜드는 엄마가 무심코 내뱉는 한마디가 아이를 무기력하게 만들 수도 있고, 자신감 넘치게 만들 수도 있다고 한다. 그는 아이의 성취동기를 높이려면 칭찬과 격려처럼 긍정적인 말을 하라고 권한다. 특히 아이가 힘든 상황에 처할수록 엄마의 말은 더 큰 영향을 미친다.

김영진의 그림책 《틀리면 어떡해?》의 그린이도 아빠의 위로와 격려 덕분에 자신감을 찾았다. 그린이는 자신의 실망스러운 결과를 겪으면서 새로운 일도 같은 결과일까봐 두려워한다. 그래서 자꾸만 피하고 싶고, 포기하고 싶다. 하지만 그린이는 아빠의 칭찬과 격려로 끝까지 해야 할 일을 잘 해낸다.

이미 자신감을 상실한 아이일지라도 부모가 다시 우리 아이의 자신감과 의욕을 되찾아줄 수 있다. 이 책을 읽으며 그린이 아빠처럼 우리 아이의 성취동기를 높여보자.

자신감과 성취감을 높여주는 책

《틀리면 어떡해?》
김영진 글·그림, 길벗어린이

《틀리면 어떡해?》는 공부에 자신감이 떨어진 아이는 물론 아이에게 힘이 되고 싶은 부모님이 읽으면 도움되는 책이다. 아이가 무언가 해야 하는데 걱정만 가득할 때, 또는 열심히 노력했지만 결과가 좋지 않을 때 부모로서 아이의 걱정을 덜어주고 힘을 주는 방법을 알려준다.

"5장은 절대 시험에 안 나와! 힘드니까 5장은 연습 안 해도 돼!"

초등 4학년 아들이 태권도심사장에 갈 때 잘 다녀오라는 인사 대신 내가 했던 말이다. 책 속에서 관장님이 아이들 연습량을 줄이기 위해 태극 5장은 승품시험에 안 나온다고 했는데, 시험 날 5장이 출제되어 그린이 도장 아이들은 모두 시험을 제대로 치루지 못했다. 아들은 이 장면을 재미있게 읽었다. 그래서 엄마가 들려주는 이 말은 아들을 웃음 지으며 시험장으로 가게 하는 힘이다. 인사 대신 하는 이 말은 아들과 나만 아는 암호다.

《틀리면 어떡해?》의 주인공 그린이처럼 아들은 국기원 승품 시험을 치렀다. 아들은 시험을 보기 전 승품시험을 포기하고 싶다고 했다. 도장에서 하는 연습도 힘들고, 자신이 다른 아이들보다 못한다는 생각에 자신감을 잃었다. 이때 아들의 두려운 마음을 덜어주고 싶어 《틀리면 어떡해?》를 함께 읽었다. 그 뒤 아들과 나에게는 둘만의 암호가 생겼다. 둘만의 암호는 "시험 못 치면 어떡해?" "시간 안에 수학문제를 다 못 풀면 어떡해?" "떨려서 발표 못하면 어떡해?"처럼 자신에 대한 확신이 떨어질 때마다 아들의 웃음꽃을 피우는 자신감이 되었다.

주인공 그린이는 독서 골든벨할 때 혜윤이에게 지고, 받아쓰기는 5개나 틀린다. 초등학교에 가면서 갑자기 많아진 시험에 그린이는 부담을 느끼고 자신감이 떨어진다. 국기원 승품시험을 앞두고도 '또 틀리면 어떡해?'라며 걱정이 많다. 자기만 떨어질까봐 꿈도 꾼다. 이럴 때 그린이 아빠는 아들의 마음에 공감하며 격려하고 힘을 준다.

"아빠 한 번도 안 틀렸어?"라는 그린이의 질문에 "당연히 틀렸지!"라고 안심시키고, 시험 볼 때 관장님으로 변했으면 좋겠다는 그린이에게 "관장님도 처음 시험 볼 때는 엄청 떨렸을 거야"라고 격려한다.

그린이 아빠는 그린이가 받아쓰기에 50점 받았을 때도 "그린아, 잘했어! 지난번보다 잘했으니까 치킨 먹으러 가자!"며 자신감을 북돋아준다. 그린이가 자책하며 자신감 잃지 않게 언제나 아들

마음에 공감하고 다시 도전할 수 있도록 격려와 칭찬을 한다.

관장님의 실수로 아이들이 승품시험을 치루지 못했을 때도 아빠는 "우리 그린이 당황했을 텐데 침착하게 잘하던걸? 아빠가 얼마나 대견하던지"라고 말하면서 그린이의 속상한 마음을 위로하고, 그린이가 열심히 노력했던 과정에 대해 인정하고 칭찬한다.

"그린이는 걱정이 많은데도 어떻게 승품시험을 치러 갔을까?"
"완벽한 사람들도 실수를 하는 걸까?"
"아빠가 그린이를 위로해줄 때 그린이는 어떤 마음이 들었을까?"

그린이 이야기를 읽는 동안 아들이 만든 질문이다. 아들은 완벽한 관장님의 실수를 보면서 실수는 누구나 할 수 있고, 또한 실수를 한다고 실력이 없는 게 아니란 것을 알았다. 그리고 걱정이 되거나 힘들어도 노력하는 것 자체가 의미 있음을 느꼈다. 아들은 엄마도 그린이 아빠처럼 자기 마음을 위로해주면 걱정하는 마음이 사라질 것 같다며 나에게 부탁도 했다.

우리만의 암호 "5장은 절대 시험에 안 나와! 힘드니까 5장은 연습 안 해도 돼!"는 아들의 부탁으로 탄생했다. 아들은 자신감 떨어졌을 때 이 말만 하면 언제 그랬냐는 듯 씩 웃으며 자기 할일에 몰두한다. 아이가 자신감 없을 때, 무언가 힘을 내야 할 때 《틀리면 어떡해?》는 힘을 발휘해주는 작품이다. 도란도란 함께 읽으며 아이의 걱정하는 마음을 덜어주고, 둘만의 암호도 만들어보자.

《틀리면 어떡해?》 질문대화 독서법

아이는 그린이 마음에 공감하고, 엄마는 그린이 아빠의 격려와 칭찬에서 팁을 얻으며 이 책을 읽어보자.

❶ 제목 '틀리면 어떡해?'로 빈칸 채우며 자기 경험 이야기하기

★ 아이의 걱정을 알 수 있다. 듣고 나면 그린이 아빠처럼 격려해준다.

"＿＿＿＿＿ **틀리면 어떡해?**라고 걱정해본 적 있어?"

"<u>수학문제</u> **틀리면 어떡해?** 엄마가 틀렸다고 야단칠까봐 심장이 더 떨려."

❷ 책을 읽으며 질문으로 대화하기

"그린이는 왜 걱정이 많을까?"

"왜 관장님은 태극 5장은 출제되지 않는다고 했을까?"

"관장님은 시험 날 왜 짜장면을 깜빡하고 안 사줬을까?"

"관장님이 탕수육까지 사줬는데, 실수를 하는 것은 좋은 점도 있을까?"

"아빠가 그린이에게 격려할 때 그린이 마음은 어땠을까?"

"만약 네가 그린이라면 엄마는 네게 어떻게 말해주면 좋을까?"

❸ 아이에게 긍정문으로 칭찬하기

"5개나 맞췄네. 5개는 네가 잘 알고 있다는 거잖아. 잘했어."

"틀려도 괜찮아. 수학이 좀 어렵지. 힘든데도 연습하는 네가 대견해."

글쓰기가
공부머리를 만든다

세계 명문대학들은 글쓰기를 가르친다.
글쓰기가 초등 공부머리를 만든다.

글쓰기로 만드는
공부머리

읽고 쓰는 것은 공부의 본질이다. 우리나라 대학뿐 아니라 세계의 명문대학들은 글쓰기가 필수교과목이다. 하버드대학은 이미 150년 전부터 학생들에게 글쓰기 기초부터 다시 가르쳤다. 세상의 모든 지식은 언어로 정리되어 있기 때문에 글로 쓰지 못하면 자신의 지식이 될 수 없다는 이유다.

유시민 작가는 《유시민의 글쓰기 특강》에서 글쓰기는 논리적이고 체계적인 사고를 길러준다고 말한다. 글을 쓰는 과정에서 체계적인 나의 논리가 만들어진다. 그리고 이 논리가 나의 사상이 된다. 그는 문자로 쓰지 않은 것은 자기 사상이 아니기 때문에 글쓰기가 세상 밖으로 '나'를 알리는 소통의 도구라고 했다.

글쓰기는 지식을 체계화시키고 구조화하는 과정이다. 즉 지식을 정리하는 공부머리를 넘어 탄탄한 나의 논리와 사상을 만드는 강력한 무기가 글쓰기다.

★ 질문일기로 쉽게 키우는 초등 글쓰기근육

"일기는 제가 믿는 것, 보는 것, 가치 있다고 여기는 것들을 보다 명료하게 하는 훈련이다. 어지럽게 뒤엉킨 생각의 실타래를 문장으로 풀어내면서 더 어려운 질문을 던질 수도 있다."

버락 오바마가 백악관에서 8년을 버틸 수 있었던 힘 중 하나는 바로 일기였다. 그는 일기를 쓰면서 생각을 정리하고, 질문을 던지며 문제해결을 했다.

아이들에게 일기는 글쓰기의 기본이다. 더욱이 질문일기는 아이 스스로 생각을 체계적으로 정리하게 하고, 탐구능력까지 키워준다. 질문일기는 초등 아이들에게 공부머리 이상의 가치를 만든다.

나를 답답하게 하는 수학

최대공약수를 공부했다. 이해하기 어려웠다.
어떤 것이 나를 가장 힘들게 했을까?
공약수를 찾는 것은 쉬웠다. 그런데 최대공약수의 약수와
공약수가 같다는 게 이해가 잘 안 된다.
왜 최대공약수의 약수와 공약수가 같을까?
이해가 안 되니까 내 마음은 계속 짜증이 난다. 이해가 잘 될
때는 치약이 입안에 있을 때처럼 상쾌한 마음인데….
약수관계를 빨리 이해해서 상쾌한 기분을 느끼고 싶다.

초등 5학년 찬이가 약수에 관한 문제를 풀고 그날 밤에 쓴 일기다. 찬이는 다음날 문제집을 펼쳐놓고 처음부터 다시 생각했다. 혼자 중얼거리기도 하고, 문제집 빈 여백에 적기도 하면서 골똘히 생각했다.

'약수가 뭘까?' '몇 명이 똑같이 나눠 가지면 될까와 같은 수일까?' 빨리 상쾌한 기분을 느끼고 싶어서 힘들어도 문제집을 풀었다. 약수에 대해 다시 생각해봤을 때 드디어 이해를 했다. 나누는 것의 한계는 약수 자신이니까 최대공약수의 약수는 공약수가 될 수밖에 없다.

이해하고 나니 너무 쉬운 문제였다. 답답하고 짜증나서 포기하고 싶었는데 한 번 더 책상에 앉아 있기를 잘한 것 같다. 어제의

기분과 오늘이 달라서 정말 다행이다. 지금 내 기분은 최고로 시원하다.

찬이는 일기를 쓰기 싫은 날에도 "일기는 왜 쓰는 걸까?"질문으로 일기를 써내려간다. 일기를 쓰며 혼자 질문하고 혼자 대답하면서 생각을 정리하고 해답을 찾으려 노력한다. 찬이의 이런 과정은 스스로 생각근육을 탄탄하게 만드는 것과 같다. 찬이의 질문일기는 생각의 물꼬를 트고 문제를 해결해나가는 배움 이상의 탐구 과정이다.

게임으로 질문일기 쓰는 방법

★ 메모지를 3장 준비한다.
★ 한 장에 내가 경험한 일을 한 문장씩 적는다.
★ 문장 끝을 '까?'로 바꾼다.
★ 아이와 엄마와 서로 상대방의 문장 앞에 '왜?'를 넣어서 읽으며 질문해준다.
★ 질문을 받으면 '왜냐하면'으로 대답한다.
★ 대답한 내용에서 그 일이 일어났을 때 자신의 감정상태가 어땠는지 설명한다.
★ 메모지 3장의 이야기 중 하나를 선택해서 질문, 대답, 감정상태를 일기장에 정리한다.

일기쓰기로 글쓰기 근육을 키우는 책

《나, 오늘 일기 뭐 써!》
정설아 글, 마정원 그림, 파란정원

초등학생들이 가장 하기 싫어하는 방학숙제 1위가 무엇일까? 바로 글쓰기다. 독서 감상문 쓰기에 이어 일기쓰기를 아이들은 가장 싫어한다. 왜 일기쓰기를 가장 싫어할까? 일기쓰기와 독서 감상문은 관찰일지 쓰는 것과는 달리 자기 생각을 써야 한다. 글씨를 쓰기도 싫고, 생각하기는 더 귀찮은 게 아이들 마음이다. 어떡하면 글쓰기가 재미있고 즐거워질까?

《나, 오늘 일기 뭐 써!》에 나오는 준수도 처음에 일기 쓰는 방법을 몰라 힘들고 지겨워했다. 하지만 방법을 알고 난 뒤부터는 스스로 일기쓰기 재미에 푹 빠져 가끔 지난 일기를 읽으며 혼자 키득키득 웃기도 한다.

아이들이 싫증내고 어려워하는 이유는 방법을 모르기 때문이다. 하나씩 하나씩 방법의 재미를 느끼는 책이 바로 《나, 오늘 일기 뭐 써!》다. 이 책은 딱딱하고 형식적인 글쓰기에서 벗어나 아이의 기분에 따라, 상황에 따라 다양한 소재로 마음껏 생각을 펼칠 수 있도록 방법을 알려준다.

'생활일기' '독서일기' '요리일기' '동시일기' '마인드맵 일기' '단어그림 일기' '관찰일기' '상상일기' '편지일기' '영어일기' '여행일기' 등 다양한 방법으로 글 쓰는 재미를 알려준다. 무엇보다 이 책은 '글을 쓸 거리'가 아주 다양하다는 것을 가르쳐주는 책이다. '나는 오늘 무엇 무엇을 했다'가 아니라 하루 중 가장 특징적인 '포인트 하나'가 멋진 글 한 편이 된다는 것을 일러준다.

　예를 들어 '메모일기' 편에는 준수가 할머니를 따라 텃밭에 가는 내용이 나온다. 거기서 준수는 참외가 자라는 모습을 관찰하며 농장을 일구는 일에 대해 알게 된다. 할머니는 농장일은 힘들지만 씨앗이 싹을 틔워 열매 맺는 것이 뿌듯하다면서 준수에게 상추씨앗을 건넨다. "이게 상추씨라고요?" 준수는 처음 보는 상추씨앗에 눈이 동그랗게 떠진다. "분홍 씨앗에서 어떻게 연두색 상추가 생기는 거지?"라며 마법 같다고 생각한다.

---

7 월 25 일　　일 요일　　날씨 태양열 펄펄!

상추씨 심기

참외를 따러 가시는 할머니를 따라 텃밭에 갔다가
상추씨를 심었다.
작고 길쭉한 분홍씨가 상추씨라니 너무 신기했다.
상추씨는 너무 작아서 2~3개씩은 잘 잡히지 않았다.
빨리 상추 싹이 나왔으면 좋겠다. 내가 심은 준수표 상추!!

준수가 할머니 텃밭에 다녀온 후 '씨앗'에 대해 적은 메모일기다. 있었던 일을 쭉 나열한 일기가 아니라 할머니, 텃밭, 참외, 농장, 상추씨 등 자신이 겪은 일 중에서 '씨앗' 한 가지 에피소드만으로 자신의 마음과 연결해 썼다.

이 책은 아이가 글쓰기에 쉽게 도전하게 할 뿐 아니라 무엇보다 한 가지 주제로 생각을 정리하고 체계화 하는 데 도움을 준다.

여기에 팁을 한 가지 더 제시하자면, 질문을 첨가하는 것이다. 질문은 아이만의 창의적 생각을 담는 것이기 때문에 글의 완성도를 높여준다. 준수가 "분홍 씨앗에서 어떻게 연두색 상추가 생기는 거지?"라며 마법 같다고 생각하는 부분을 질문일기로 살짝 고쳐보았다.

---

7 월 25 일   일 요일   날씨 태양열 펄펄!

상추씨 심기

참외를 따러 가시는 할머니를 따라 텃밭에 갔다가
상추씨를 심었다.
작고 길쭉한 분홍씨가 상추씨라니 너무 신기했다.
분홍 씨앗에서 어떻게 연두색 상추가 생기는 걸까?
마법이라도 일어나는 것일까?
상추씨는 너무 작아서 2~3개씩은 잘 잡히지 않았다.
빨리 상추 싹이 나왔으면 좋겠다. 내가 심은 준수표 상추!!

만약 자신의 질문에 멋진 대답까지 한다면 글의 완성도는 더 높아진다. 아이가 일기를 쓸 때마다 옆에 이 책을 두고 '오늘은 어떤 방법으로 써볼까?' 고르는 재미에 빠져도 좋다. 그리고 질문 하나씩만 추가하면 좀 더 풍성한 나만의 독특한 글이 된다. 내 아이의 글이 세상 밖으로 자신을 알리는 귀한 수단이 되도록 지금 일기쓰기를 시작해보자.

엄마가 즐겁고 쉽게 도와주는 일기쓰기 노하우

한 줄이라도 즐겁게 쓰는 것에서 출발해야 한다. 질문일기 쓰는 방법을 참고해보자.

★ 기억에 남는 사건(보고 들었던 일 등), 사물에 대해 이야기하기
★ "왜 그 일이 기억나?" 이유를 들으며 대화하기
★ 한 가지를 골라 질문 만들기
★ "왜 이 질문을 만들었어?" "넌 어떻게 생각해?" 질문하고 대화하기
★ "네 마음은 어때?" "네 기분은 어때?" 감정과 느낌 말하기
★ 비슷한 기분이나 상황을 언제 느껴보았는지 물어주기
★ 내가 만든 질문을 중심으로 생각을 글로 옮기기
★ 무조건 '주어+동사' 단문으로 쓰기

매일 20분 책 읽기, 자기주도학습 능력을 키운다

책을 읽을 때 아이의 뇌는 가장 활성화된다.
'질문독서'로 만드는 뇌의 시냅스가 자기주도학습 능력을 키운다.

책 읽기가 만들어주는 아이의 시냅스

시냅스(Synapse)는 이해하기 쉽게 말하자면 길이 없는 곳에 길을 만들어주고 꼬불꼬불 굽은 길을 직선도로로 닦아주는 신경세포를 연결하고 있는 부분이다. 우리 뇌는 지속적으로 반복하는 일을 가장 중요하게 여겨 작업의 효율을 높여준다. 그러므로 꾸준히 반복하는 독서가 아이 뇌의 시냅스를 강화시켜 기억의 고속도로를 만들어준다.

일본 도호쿠대학의 가와시마 류타 교수는 독서를 할 때와 다른 활동을 할 때의 뇌 활동을 비교 연구했다. 뇌의 어떤 부분에 어떤 기능이 있는지를 조사하는 연구에 있어서 일본 내 일인자인 그는 책을 읽을 때의 뇌가 다른 활동을 하는 것보다 월등히 활발하다고 밝혔다. 뇌의 핵심적인 기능은 언어인데, 뇌는 언어를 처리할 때 가장 광범위한 영역을 작동시키기 때문이다.

예를 들어 아이가 책을 읽고 문장을 해석하면 뇌는 거의 모든 영역을 서로 연결시켜야 한다. 이때 시냅스 활동이 가장 활발하게 이루어져 작업처리 능력이 탁월해지는 것이다. 시냅스가 강화될수록 기억력과 일처리능력은 더 효율적으로 이루어지기 때문에 독서가 아이 뇌의 길을 닦아줄 수밖에 없다.

질문독서로 키우는 아이의 자기주도학습 능력

독서는 아이의 시냅스를 만들고 질문은 자기주도학습 능력을 키운다. 질문독서는 질문을 통해 나 자신이 주체가 되어 나의 의지대로 공부하는 자기주도학습 능력을 높인다.

KBS 프로그램 〈공부하는 인간〉에 출현한 하버드생들은 공부는 양보다 생각이 중요하다고 말한다. 한 권의 책이라도 깊이 있게 생각하고 질문으로 사고를 확장하는 것이 공부의 비결이라고 한다. 하버드생들은 질문이 스스로 답을 찾아가게 하는 능동적 학습을 가능하게 한다며 질문을 강조했다. 질문이 곧 자기주도적 공부방법이라 말한다.

"빵집에서 풍기는 냄새를 맡아도 돈을 지불해야 할까요?"
"냄새에 주인이 있다는 것은 억지 아닐까요?"
"만약 방귀냄새라면 주인이 있지 않을까요?"
"만약 공장의 매연이라면 책임을 지울 사람이 있지 않을까요?"
"냄새도 기준에 따라 주인이 있지 않을까요?"

코키 폴의 그림책《샌지와 빵집 주인》으로 아이들과 토론을 할 때다.《샌지와 빵집 주인》은 전래동화《냄새값 소리값》과 비슷한 내용이다. 빵집 주인은 빵 냄새를 맡은 대가로 샌지에게 돈을 요구한다. 아이들은 이 장면을 보면서 모두 흥분했다. 냄새는 주인이 없는데 빵집 주인이 오히려 억지를 쓴다는 것이다. 이런 생각을 바탕으로 태희는 첫 번째 질문을 만들어 빵집 주인의 욕심에 대해 이야기했다.

그러던 중 두 번째 질문으로 냄새에 주인이 어딨냐며 '소유권'에 대한 물꼬를 텄다. 그리고 '만약'이라는 질문을 하면서 다양한 종류의 냄새를 떠올렸다. 누군가 방귀를 뀌면 우리는 방귀 뀐 사람을 찾는다. 고약한 냄새를 풍긴 대가로 장난으로라도 책임을 묻는다. '그러면 냄새에도 주인이 있는 걸까?' 태희는 혼자 묻고 답하며 또 다른 예시를 찾았다.

공장의 연기, 자동차 매연 등 우리는 환경오염에 대한 책임으로 환경분담금을 청구한다. 누군가에게 청구서를 준다는 것은 분명 주인이 있다고 설명된다. 그래서 태희는 마지막 질문처럼 냄새는 상황과 기준에 따라 주인이 있을 수도 있다고 생각한 것이다. 처음 "냄새에 주인이 어디 있냐"며 흥분해서 빵집 주인 탓을 하던 태희는 혼자 질문을 만들면서 냄새, 책임, 기준에 대한 깊이 있는 주제로 사고를 확장시켰다.

"질문을 계속 하니까 처음 생각과 마지막 생각이 완전히 달라졌어요! 만약에 질문을 안 했으면 냄새는 주인이 없다고만 생각했을 거예요."

이 책을 덮으면서 태희가 이렇게 소감을 말했다.

질문을 하는 아이들은 매번 책을 읽을 때마다 새로운 사고를 한다. 질문독서를 하는 아이들은 질문으로 알아가는 재미를 경험한다. 질문에 질문을 거듭하면서 스스로 배우고 익히는 즐거움이 무엇인지 깨닫는다.

아이가 알고 싶은 것을 스스로 묻고 답하는 즐거움이 바로 자기주도학습이다. 질문이야말로 아이 뇌의 시냅스를 강화시키는 학습능력이다.

자기주도학습의 힘!
생각을 생각하게 만드는 책

《'생각'으로 무엇을 할 수 있을까?》
코비 야마다 글, 매 베솜 그림,
피플번역 옮김, 주니어예벗

코비 야마다의 책《'생각'으로 무엇을 할 수 있을까?》는 생각을 생각하게 만드는 계기를 마련해준다. '생각'이라는 두 글자가 아이에게 어떻게 보물이 되는지 그 과정을 자세히 그려놓았다. 이 책은 아이가 '생각'을 만났을 때 어떻게 마주하면 생각이 세상을 향한 날개가 되는지 너무나 잘 보여준다.

'나에게 생각이 찾아오면 어떻게 해야 할까?'

주인공 아이에게 어느 날 갑자기 '작은 생각' 하나가 찾아온다. 낯설기도 하고, 생각을 어떻게 해야 할지 몰라 그냥 외면한다. 계속해서 생각은 아이를 따라다닌다. 다른 사람들이 자신의 생각에 대해 뭐라고 얘기할까봐 아이는 생각을 꽁꽁 숨긴다.

하지만 아이는 생각과 같이 있을수록 기분이 좋아짐을 느낀다. 생각은 마법과 같은 힘을 갖고 있어서 아이의 기분을 점점 더 좋게 해준다. 아이가 생각과 함께 놀아주고 관심을 기울일수록 생각은 더 크게 자란다.

그런데 사람들은 아이의 생각이 이상하다며 비웃는다. 아이는 생각을 포기할까 고민한다. 그러다 문득 깨닫는다. "그 사람들이 무엇을 알겠어? 이건 '내 생각'인데." 남들과 다르고 이상해도 생각을 꿋꿋하게 지켜내기로 결심한다. 함께 공부도 하고 놀면서 생각에 관심을 쏟는다.

그럴수록 생각은 쑥쑥 자랐고, 어느 날 긴 날개를 활짝 펼쳐 하늘로 날아올랐다. 덕분에 생각은 이제 하나가 아니라 세상 모든 곳에 존재하게 되었다.

'나에게는 어떤 생각들이 찾아왔을까?'
'나는 왜 생각을 그냥 돌려보냈을까?'
'생각에 밥은 어떻게 주는 걸까?'
'생각을 생각한다는 것은 무엇일까?'
'어떻게 다시 날개를 달 수 있을까?'

이 책을 읽고 현수가 품은 질문이다. 그동안 자신은 생각이 찾아와도 밥을 준 적이 없단다. 수업시간에 생각을 발표했는데, 친구들은 현수에게 틀린 생각이라며 놀렸다. 그 이후 현수는 생각이 찾아와도 그냥 외면하고 모른 척했다. 모르는 문제가 있을 때 물어볼 생각을 하지 않았고, 혼자 풀려고 해도 생각이 안 나서 그냥 생각하기를 포기한다고 말했다.

현수는 이 책의 주인공 아이를 보면서 자신이 바보 같았다고 한다. 왜 생각을 돌려보냈을까 후회했다. 그리고 주인공 아이의 작은 생각이 세상을 향해 날아가는 것을 보고 "생각을 생각한다는 것은 무엇일까?" "나는 어떻게 다시 날개를 달 수 있을까?"를 질문했다.

현수는 이 책을 읽고 내 생각의 주체는 '나'라는 사실을 깨달았다. 또한 작고 하찮은 생각도 생각을 계속하면 멋진 생각으로 탄생할 수 있다는 것을 알았다. 현수는 생각에 밥을 주는 방법은 생각을 생각하는 것이라고 말한다. 생각을 할 때 자신의 생각을 지킬 수 있단다. 앞으로는 모르는 문제가 생겨도 부끄러워하지 않고 당당하게 물어보거나 끝까지 생각해서 해답을 찾고야 말겠다고 현수는 말했다.

이 작품의 마지막 페이지에서 주인공과 작은 알은 빛나는 왕관을 쓰고 있다. 생각을 통해 귀한 존재가 될 수 있음을 암시한다. 이 책을 읽는 순간 현수 머리에도 빛나는 왕관이 씌워졌다. 현수의 생각은 현수를 귀중한 존재로 만들었다. 생각을 생각하면 우리 아이 머리에도 튼튼하고 빛나는 왕관이 씌워져 있을 것이다.

■ 《'생각'으로 무엇을 할 수 있을까?》 질문대화 독서법

현수처럼 생각을 만났을 때 어떻게 생각과 관계를 맺어야 하는가를
아이가 느낄 수 있게 이 책을 읽으면 된다.

❶ '생각'이라는 단어를 붙여 질문게임하기

★ 번갈아가며 여러 번 질문하고 대답한다.

"아들, 지금 어떤 생각해?"

"고기 생각."

"엄마, 지금 어떤 생각해?"

"오늘 저녁은 뭐 먹지 생각."

❷ 표지의 그림과 제목으로 이야기 나누기

"생각으로 무엇을 할 수 있을까?"

"아이는 왜 왕관을 쓰고 있을까?"

❸ 내용과 그림으로 질문대화하기

"아이는 왜 생각을 꽁꽁 숨겼을까?"

"만약 나라면 생각을 어떻게 했을까?"

"생각이 있는 곳에는 왜 초록 풀들이 있을까?"

"생각은 왜 마법과 같을까?"

"생각에게 밥은 어떻게 주는 걸까?"

❹ 지금 내가 하고 있는 생각에 물음표 붙여보기

고기 생각 : "왜 고기 생각을 할까?"

❺ '생각' 또는 '생각한다는 것'에 대해 정의해보기

현수 : "생각을 생각한다는 것은 자신을 지키는 것이다."

6

매일 20분 책 읽기로
아이의 감정을
코칭할 수 있다

감정코칭은 전문가의 것이 아니다.
아이는 부모로부터 감정 나누는 방법을 배운다.
다양한 감정 색깔, 솔직한 표현이 있는 소통이
아이의 감성지수를 높인다.

⭐ 아이의 기분에도
색깔이 있다

"지금 기분이 어때?"

"지금 제 기분은 파란색이에요."

"왜 파란색이야?"

"기뻐요. 왜냐하면 얼마 전에 잃어버린 시계를 오늘 찾았어요. 시계가 없어졌을 때 엄마한테 혼이 많이 났었는데 아침에 시계를 찾았어요. 그래서 파란색처럼 기뻐요."

"파란색이 왜 기쁜 색깔이야?"

"저는 학원 다녀온 뒤 혼자 침대에 누워서 쉴 때 마음이 편안해져서 기분이 제일 좋거든요. 제 침대 색깔이 파란색이어서 파란색만 보면 기분이 좋아져요. 시계 찾았을 때 기쁜 마음과 같아요."

주혁이는 초등 6학년 남자 아이다. 무뚝뚝하고 말을 아끼는 전형적인 사춘기 고학년 남자 아이다. 그런데 색깔로 기분을 물었을 때 주혁이는 누구보다 친절하고 자세히 자신의 감정을 표현했다. 잃어버린 시계를 찾아서 기쁜 마음을 평소 자신이 좋아하는 파란색과 연결 지어 설명했다. 파란색이 기분 좋은 색깔인 이유는 하루의 고단함을 자기의 파란색 침대가 행복한 기분으로 풀어주기 때문이다. 주혁이의 무뚝뚝한 행동에도 알록달록 색깔이 있었다.

감성지수를 높이는 감정표현

일반적으로 아이들에게 기분을 물어보면 아이들은 "좋아요" "재미있어요" "모르겠어요"라고 주로 대답한다. "왜 좋아?" 다시 물어도 아이들은 "그냥 좋아요"라고만 반복한다. 아이들이 "그냥요"라고 대답하는 것은 진짜 그저 그런 기분일 수도 있다. 하지만 이런 대답을 하는 아이들은 자신의 감정을 자세히 표현해본 적이 없기 때문에 "그냥요"라고 말한다. 아이들이 "좋아요" "그냥 그래요"라고 대답할 때는 "기분이 무슨 색깔이야?" 하고 한 번만 물어봐주면 누구나 주혁이처럼 자기 기분을 멋지게 표현할 수 있다.

기분에도 저마다 제 색깔이 있다. 아이들은 어른들보다 감정의 결이 섬세하다. 보고, 듣고, 만지고, 냄새 맡고, 맛보면서 다양한 기분을 느낀다. 그런데도 "좋아요" "맛있어요"라고만 말하는 것은 자신의 감정을 구체적으로 들여다본 적이 없어서다. 아이들은 누구보다 자기표현 욕구가 강하다. 표현하고 싶은 마음은 큰데 단지 몰라서 못하는 것이다. 시간이 흐를수록 늘 하던 것에 익숙하다 보니 평범하고 밋밋한 표현만 할 뿐이다.

자신의 감정에도 색깔이 있다는 것을 알려주면 된다. 색깔과 연결해 기분을 찾으면 색깔을 고르는 과정에서 한 번 더 자신의 감정상태도 살피게 된다.

아이들은 빨간색, 노란색, 초록색, 하늘색, 파란색, 보라색 등 색깔을 찾으면서 자연스럽게 자신의 감정이 다양하다는 것을 느낀다. 감정은 '좋다' '나쁘다' '기쁘다' '슬프다'만 있는 것이 아니라는 것을 알게 된다. 아이가 스스로 느껴봐야 자세하고 정확하게 표현할 수 있다.

색깔은 아이에게 감정과 감정 사이의 느낌을 풍부하게 만들어주는 기회와 같다. 아이가 감정을 다채롭게 느끼고 감각적으로 표현하도록 도와준다. 색깔로 기분을 표현하는 것은 세상 밖으로 나를 멋지게 알리는 것이다. 내 아이에게 감정의 색깔들을 선물해보자.

기분을 쉽고 다양하게 표현하는 노하우
(색종이로 기분 찾기 놀이)

★ 색종이를 색깔별로 펼친다.

★ "지금 나의 기분 색깔을 찾아볼까?" 말하며 기분 색깔을 한 장씩 고른다.

★ 이유를 서로 묻고 답한다.

"왜… (검정)색깔을 고른 거야?"

"왜냐하면… (피곤하기)때문이에요."

★ 색깔과 기분을 연결시킨 이유를 묻는다.

"피곤한데 왜… (검정색)이야?"

★ 아이들이 찾은 대답 예시

검정색 : "나의 기분 색깔은 검정색이에요. 왜냐하면 피곤해서 자고 싶기 때문이에요. 빨리 밤이 되었으면 좋겠는데 밤은 검정 색이니까요."

하늘색 : "하늘색이에요. 왜냐하면 제주도에 갔을 때 바다색이 하늘색이었어요. 바다가 시원했지만 겨울이라 뛰어들지 못해 하늘색에는 저의 아쉬운 마음이 들어 있어요."

흰색 : "친구들과 저녁에 파자마파티를 할 거예요. 재미있게 놀 생각을 하니 설레는 마음이에요. 무언가를 할 건데 아직은 하지 않고 기다리는 설렘이 꼭 하얀 종이와 같아서 제 기분은 흰색이에요."

다양한 감정색깔을 알려주는 책

《42가지 마음의 색깔》
크리스티나 누녜스 페레이라·라파엘 R.
발카르셀 공저, 가브리엘라 티에리 외 그림,
남진희 옮김, 레드스톤

감정도 상황에 따라 제 색깔이 있다. 아이들이 자신의 감정을 잘 표현하려면 우선은 감정이 다양하다는 것을 인식해야 한다. 알아야 쉽게 말하고 자세히 표현할 수 있다. 《42가지 마음의 색깔》은 아이들에게 다양한 감정을 알려줄 때 함께 보면 좋은 책이다.

이 책은 평소 아이들이 표현하는 감정단어를 비롯해 안심, 측은함, 당황, 따분함, 몰이해, 역겨움, 감탄, 좌절, 샘, 만족 등 느끼고는 있지만 쉽게 말하지 못했던 감정단어까지도 설명해주고 있다. 감정표현이 서툰 아이에게 자기의 감정을 면밀히 살피고 그 감정을 충분히 느낄 수 있도록 도와준다. 또한 이 책은 우리의 감정들이 모두 하나로 연결되어 있다는 것도 알려준다.

엄마에게 안겨 있을 때는 포근한 마음이 들지?
친구가 울고 있으면 포근하게 안아주고 싶은 마음이 들지?

포근한 마음은 사랑이라는 감정에서 오는 거야.

포근함은 사랑하는 마음이 들어 있어.

…… ……

그리고 미워하는 마음이 크면 화가 나는 것이 당연해.

'포근함'이란 감정을 알려주는 이 책의 장면처럼, 하나의 감정 안에는 비슷한 여러 감정이 들어 있다는 것을 자연스레 일러준다. 그리고 '미워하는 마음이 크면 화가 나는 것이 당연해'처럼 포근함에 이어 반대되는 감정도 이어준다. 아이들은 이 책을 순서대로 읽으며 마음들이 서로 닮았다는 것도 인식하고, 때로는 반대되는 감정도 동시에 느끼면서 자신 안에 있는 다양한 마음들과 자연스럽게 친해진다.

아이와 둘이 이 책의 그림도 보고 내용도 읽으면서 비슷한 감정을 느꼈던 적은 언제인지 서로 물어주면서 대화만 이어가면 된다. "너도 이럴 때가 있었어?" 질문하면 아이는 자기 경험을 술술 이야기한다. 읽기만 해도 자신의 경험과 감정단어들을 연결 지어 잘 이야기한다. 때로는 "엄마, 이럴 때는 이 단어로 감정을 말하면 되는 거구나!"라며 자신의 감정을 표현할 단어를 발견하기도 한다. 아이는 이 책을 읽는 동안 자기 마음에도 색깔이 있다는 것을 스스로 깨닫는다.

아이와 게임도 하면서 이 책을 즐겁게 읽어보자. 나와 타인의 감정까지 들여다볼 수 있도록 돕는 책이다.

《42가지 마음의 색깔》 질문대화 독서법

이 책의 목차를 활용해 게임처럼 읽기를 권한다. 아이의 감정경험을 많이 들을 수 있는 기회가 될 것이다.

❶ 목차로 부루마블 게임하기

★ 목차를 펼친다.

★ 각 감정 칸마다 보상기준을 정한다.(스티커 1장, 2장, 3장 또는 사탕 개수로 정해도 좋다.)

★ 주사위를 굴려 이동한다.(주사위가 없으면 가위바위보를 해서 정해진 수만큼 칸 이동을 한다.)

★ 해당 칸에 적혀 있는 감정단어를 느껴본 경험을 간단하게 말한다.

★ 말한 사람은 칸마다 적힌 보상을 가져간다.

★ 게임이 끝나면 보상 개수가 많은 사람이 승리다.

★ 게임을 하는 과정에서 감정내용을 함께 읽어도 된다.

❷ 내용을 읽으며 자신만의 감정단어로 바꿔 말해보기

⭐ 아이와 솔직하게
나누는 감정

"수아야, 언니가 학원에서 늦게 나왔을 때 밖에서 기다리는 너의
마음은 어땠어?"

"……."

"괜찮아! 솔직하게 말해도 돼."

"공부하고 온다고 수고했어…."

"정말?"

"음… 진짜는 말 못하겠어요."

왜 수아는 자신의 진짜 마음을 말하기 싫다고 했을까? 초등 3학년 수아는 겨울방학 때 학원 건물 밖에서 언니를 1시간이나 기다렸다. 영하의 온도에 차가운 바람을 맞으며 1시간을 서 있었는데 언니가 나오면 '공부하느라 수고했어' 말해주겠다고 한다. 그런데 이 마음이 과연 수아의 진심일까?

또래의 다른 아이들에게 같은 상황이라 가정하고 질문을 던졌을 때 아이들은 '짜증나요' '화나요' '그냥 집에 가버릴 거예요' 등 모두 자신의 감정을 솔직하게 표출했다. 그런데 수아는 왜 자신의 감정을 숨기는 걸까? 수아에게 진심을 묻자 말하기 곤란한 기색을 보인다.

⭐ 감정을 솔직하게
표현하는 방법

감정코칭은 전문가의 것이 아니다. 아이들은 감정 나누는 방법을 부모님과의 소통을 통해 배운다. 부모님이 아이에게 보여준 행동이나 말이 아이의 모범이 되는 것이다. 그러므로 만약 감정을 표현하지 않거나 서툰 아이들이라면 이 또한 부모로부터 학습된 결과일 수 있다.

아이가 울고 있을 때 부모가 아이의 감정을 공감하고 받아주면 아이는 금세 울음을 그치지만, 울고 있어도 가만 내버려두거나 울지 말라고 다그치면 아이는 행동으로 자신의 상태를 과시하려 한다. 감정적 소통을 모르는 아이들은 상황이 반복될수록 올바른 감정표현이 서툴러진다. 특히 자신의 감정을 솔직하게 표현하기보다 오히려 감추는 것에만 익숙해지기도 한다.

수아는 왜 솔직한 감정을 숨길 수밖에 없었을까? 수아의 부모님은 반듯하신 분으로 소문나 있다. 예의 바르고 규범적인 분이다. 다른 사람들에게 예쁜 말을 사용하라고 아이에게 권하고, 남들 앞에서 울기보다는 참는 것이 옳다고 가르치는 부모님이다. 수아 부모님은 올곧은 분이시다. 하지만 이 과정에서 부모님이 놓치고 있는 점이 있다.

감정을 연구하는 심리학자들은 아이가 어릴수록 교육보다는 양육자의 감성 지능이 훨씬 더 중요하다고 말한다. 옳고 그름의 객관적 기준보다는 아이의 감정에 공감하고 수용하는 태도가 더 필요하다고 한다.

수아 부모님이 '다른 사람에게 짜증내고 화내면 안 돼!'를 말하기 전에 '추운 데서 기다리느라 힘들었구나' '속상했구나'라며 수아의 마음을 먼저 읽어주고 공감했더라면 어땠을까? 어른들도 화, 미움, 짜증이 찾아오면 감정의 소용돌이를 겪느라 빠르게 자신의 감정을 컨트롤하기 쉽지 않다. 이런 상황에서의 올바른 기준은 오히려 수아가 자신의 솔직한 감정을 숨기게 만든다.

"수아야, 선생님은 이럴 때 짜증나고 화날 것 같은데 넌 화나지 않았어?"

"조금 그랬어요. 그런데 이럴 때 짜증난다고 말해도 돼요? 나쁜 거 아니에요?"

언니를 기다렸던 상황에 대한 친구들의 솔직한 감정표현을 듣고 수아가 대답했다. "짜증난다는 말을 해도 돼요? 그런 말은 나쁜 거 아니에요?" 수아는 남들이 들었을 때 예쁜 단어로만 감정을 표현해야 하는 것이라고 생각해 스스로 진짜 감정을 억누르고 있었던 것이다.

정신분석학의 대가 지그문트 프로이트는 불편한 감정들을 꾹꾹 눌러둔다고 해서 감정이 없어지는 것이 아니라고 말한다. 억압 때문에 겉으로 나타나지 않을 뿐 무의식 상태에 그대로 있기 때문에 억눌린 감정은 오히려 내부에서 더욱 커지고 강해지는 경향이 있다고 한다.

수아처럼 감정을 억누르고 꾹 참으면 언젠가는 감당할 수 없게 될지도 모른다. 수아가 자신의 감정을 솔직하게 말하고 싶어지도록 어른들은 그때그때 수아의 감정을 받아주고 이해해줘야 한다. '그랬구나!'라며 받아주기만 해도 자신의 감정을 있는 그대로 표현하고 즐길 줄 아는 아이가 된다.

아이와 솔직하게 감정을 나누는 책

《아홉 살 마음 사전》
박성우 글, 김효은 그림, 창비

《아홉 살 마음 사전》은 아이들이 겪고 있는 에피소드를 제시하면서 상황에 따라 어떤 감정단어가 어울리는지 알려주고 있다. 80가지의 감정단어로 아이들의 마음을 섬세하게 그려놓았다. 무엇보다 이 책은 실감나는 그림을 통해 아이들의 일상을 생생하게 보여주고 있어서 아이들에게 친밀감을 불러일으킨다.

이 책을 읽는 동안 "비슷한 감정을 느껴본 친구 있어요?" 질문하면 아이들은 서로 대답하겠다고 손을 든다. 누구를 먼저 시켜야할지 난감한 상황을 겪는 책이기도 하다. "저도 그런 적 있어요!" "저도요, 저도요." 자기 순서가 아닌데도 서로 말하기 바쁘다. 이 책은 아이들이 감정을 숨길 틈을 주지 않는다. 하나의 그림을 보고 비슷한 감정단어를 찾는 것은 물론, 한 개의 감정단어로 다양한 경험들을 떠올린다. 감정표현에 서툰 아이들도 어느새 책에 빠져든다.

'속상해'라는 페이지를 보면, 아이가 목걸이를 만들기 위해 구슬을 꿰는데 실수로 줄이 끊어져 난감해하는 상황의 그림이 나온다. 그림 아래에는 '3시간 동안 만든 목걸이의 줄이 끊어져서 구슬이 쏟아져 내렸어'라는 문장도 있다. 이 그림을 보고 아이들이 이야기를 한다.

"안타까워요."
"짜증나요."
"화날 것 같아요."
"울고 싶을 만큼 슬퍼요."
"두려울 것 같아요."

'속상해'라는 감정단어가 쓰여 있는데도 아이들은 자신이 느끼는 비슷한 감정들을 유추한다. 그리고 자기만의 경험을 떠올려 자신이 직접 겪은 감정을 이야기한다. "두려울 것 같아요"라고 말한 아이는 엄마 목걸이를 만지다가 실수로 줄이 끊어졌을 때의 상황을 떠올리며 혼날까봐 많이 두려웠다고 솔직하게 표현했다.

"화날 것 같아요"라고 말한 아이는 생일 선물로 받은 비즈로 팔찌를 만들었는데 비즈가 너무 작아서 눈이 아팠다고 했다. 그런데 동생이 만지다 줄이 끊어져서 결국 동생과 싸웠다는 이야기를 들려주었다.

아이들이 그림에 있는 상황을 보면 자신의 경험을 떠올리지 않을 수 없다. 이 책을 읽는 동안 "너는 어떤 마음일 것 같아?" 또는 "너도 이런 적이 있었어?"라는 한마디면 아이들은 구체적으로 자기가 느낀 감정과 경험을 이야기해준다.

감정표현은 어려운 것이 아니다. 아이들이 즐거워하면서 상황에 몰입하면 표현은 덤으로 따라오기 마련이다. 일상의 감정을 자기만의 방식으로 감각적이고 세밀하게 표현한다.

감정코칭 전문가는 바로 부모님이다. 부모님이 아이와 함께 이 책을 읽는 과정에서 내 아이의 감정은 완성된다. 아이는 이 책을 읽는 동안 비슷한 감정단어를 익히고 다채롭게 표현하는 방법에 익숙해진다. 솔직하게 감정을 표출하면서 아이는 스트레스 받은 감정을 스스로 해소하고, 자기 감정을 기쁘고 즐겁게 전환시킨다.

《아홉 살 마음 사전》 질문대화 독서법

이 책을 읽으며 아이의 감정을 자극해주면 다양한 경험을 술술 이야기한다. 감정표현에 익숙해지도록 경험을 많이 물어주자.

❶ 감정 맞히기 게임하기
★ 페이지 중 몇 가지 감정단어 선정하기
★ 감정단어를 메모지 등으로 가린다.
★ 그림과 간략한 설명 문장만 보고 어떤 감정일지 유추해서 맞힌다.
★ 비슷한 경험을 떠올린다.
　"이럴 땐 어떤 마음이 들까?"
　"너도 이런 적이 있었어?"
★ 아이의 이야기가 끝나면 무조건 공감해준다.
　"그랬었구나!"
★ 자신의 감정과 비슷한 다른 단어도 찾아본다.

똑똑하게
화내는 방법

화는 소중한 나의 감정이다.
화를 현명하게 낼 줄 아는 아이가 자기 감정의 주인이 된다.

화는 소중한
나의 감정

화는 소중한 나의 감정이다. 어른도 아이도 중요한 이 사실을 놓칠 때가 있다. 화가 날 땐 참는 것이 아니라 '왜 화가 날까?' 원인을 먼저 생각하고 어루만져줘야 한다.

"내 거야!"

"왜 넌 항상 안 놀다가 내가 만지면 놀 거라고 빼앗아가는 거야!"

"주기 싫다고!"

장난감이나 물건을 만질 때 아이들의 흔한 다툼이다. 장난감을 확 빼앗아갈 때도 있고, 두 아이의 손이 엉키고 서로 잡아당기며 몸싸움을 할 때도 있다. 부모들은 이런 광경이 늘 속상하다. 사이좋게 놀면 되는데 아이들은 어김없이 얼굴을 붉히며 화를 내고 싸운다. "엄마, 오빠가!" "엄마, 동생이!" 서로를 탓하며 고자질을 하는 건 당연하고, 한 명은 꼭 눈물을 보이며 토라져 방으로 뛰어간다. "쾅!" 하고 닫히는 문소리는 남겨진 아이에게도, 부모에게도 화를 더 돋우기 일쑤다.

이럴 때는 어떻게 해야 하는 걸까? 아이가 화를 낼 때는 자신의 화를 잘 들여다볼 수 있도록 유도하면 된다. 아이가 표출하는 행동보다는 화를 내는 원인에 집중하면 아이의 마음은 금방 진정되어 안정을 찾는다.

아이들이 화를 내는 데는 분명한 이유가 있다. 누군가 나의 물건을 함부로 가져갔을 때 화가 나는 건 물건을 양보하기 싫어서가 아니다. 특별히 내가 아끼는 물건이거나 허락을 구하지 않고 가져갔기 때문에 아이들은 화가 나는 것이다. 아이는 당연히 화낼 만해서 솔직하게 감정을 드러낸 것인데, 대부분의 사람들은 행동으로 아이를 판단하기 때문에 화는 나쁜 것이고 화내는 아이까지 나쁘다고 여긴다.

아이가 화를 낼 때 아이가 화내는 원인에 집중하면 아이도, 부모도 자기 감정의 주인이 될 수 있다. 화도 소중한 나의 감정 중하나다. 참아야 할 감정이 아니라 나를 보호하는 소중한 감정이다.

화나는 원인을 정확하게 인식하는 아이가 자기 감정에 책임지며, 똑똑하게 감정조절도 할 줄 안다.

똑똑하게 화를 내려면?

똑똑하게 화를 표현하는 아이가 자기 감정의 주인이 될 수 있다. 우리는 아이가 화를 내면 "화내지 마! 화내면 나쁜 아이 된다"라고 말하곤 한다. 그런데 화는 감춰야 하는 나쁜 감정이 아니다. 다만 화를 낼 때 타인에게 상처가 되는 행동을 동시에 할 가능성이 있을 뿐이다. 화풀이를 한다거나 일부러 상처 되는 말을 더 한다면 잘못된 것이다. 화 자체가 나쁜 건 아니다.

아이가 화를 낼 때는 무조건 참으라는 말보다는 화를 잘 표현할 수 있도록 도와주는 것이 좋다. 아이들은 감정표현을 배워본 적이 없어서 과격한 행동까지 하게 된다. 감정표현도 배워야 잘할 수 있다.

화를 참기보다는 화를 현명하게 표현하는 방법이 중요하다. 각자 화를 내는 이유가 다르듯 화를 표현하는 방식도 다르게 선택하면 된다. 무엇보다 화는 나의 감정이기 때문에 화를 다루는 방법도 내가 선택하면 된다.

《화가 나는 건 당연해!》의 작가 미셸린느 먼디는 "화의 에너지로 긍정적인 변화와 결과를 얻을 수 있다"고 했다. 화는 가장 인간적인 감정 중 하나이기 때문에 화를 어떻게 다루느냐에 따라 스스로 긍정적인 변화를 끌어낼 수 있다. 아이들이 화를 내면 화는 소중한 감정 중 하나라는 것을 일러주고, 화가 날 때 참지 말고 어떻게 하면 잘 표현할 수 있는지를 알려주자.

모든 아이는 스스로 자신의 화를 현명하게 다루는 힘이 있다. 아이가 화를 낼 때 "엄마가 어떻게 도와줄까?" 질문하며 아이가 자신의 성향에 맞는 방법을 스스로 찾을 수 있도록 도와주면 된다. 아이가 화를 낼 때 "하지 마!"가 아니라 "화가 났구나!" "엄마가 어떻게 도와줄까?"라고 접근하면 아이 스스로 화를 다루는 방법을 찾는다.

화를 잘 다룬다는 것은 자신의 감정을 귀하게 여기는 것과 같다. 나의 모든 감정이 소중하다는 것을 알면 아이는 자신만의 현명한 방법을 찾으려고 스스로 노력한다. 이럴 때 부모님은 아이의 선택을 존중해주면 된다. 존중이 곧 아이가 스스로의 감정을 더 소중히 다룰 수 있도록 돕는 것이기 때문에 이때 아이는 현명하게 화를 낼 수 있다.

화가 나더라도 나를 위해, 소중한 사람을 위해 나 자신을 책임질 수 있게 된다. 내가 나의 감정주인이 되어 어려운 일이 생겨도 현명하고 건강하게 대처해나갈 수 있다.

✦ 똑똑하게 화낼 수 있는
방법을 알려주는 책

《소피가 화나면, 정말 정말 화나면》
몰리 뱅 글·그림, 박수현 옮김, 책읽는곰

그림책 작가 몰리 뱅은 늘 아이들 가까이서 아이들 마음을 이해하려 애쓰는 작가로 유명하다. 그런 이유로 이 책을 읽는 동안 아이들은 작품 속 세계로 푹 빠져든다. 아이들이 일상에서 흔히 겪고 있는 감정상태를 주인공을 통해 그대로 옮겨놓았기 때문이다. 강요나 야단, 훈계 없이 책 읽기로 아이는 스스로 자신의 문제에 직면하면서 공감하고 주인공처럼 문제를 해결해보려 한다.

《소피가 화나면, 정말 정말 화나면》은 아이가 화를 내는 계기부터 스스로 화를 다스리는 과정까지 모두 보여주는 책이다. 주인공 소피가 화를 왜 내는지, 화가 났을 때 어떻게 행동하는지를 보면서 읽는 사람은 자기를 돌아보는 힘을 갖는다. 아이는 소피의 감정을 따라가며 자신만의 화 다스리는 방법을 찾고, 문제해결 능력을 스스로 발휘한다.

소피는 언니와 고릴라 인형을 서로 가지기 위해 싸우다 화가 난다. "으아아아!" 크게 화를 분출하고 화가 난 상태로 숲속을 달

230

리고 달린다. 숲속에서 자기만의 시간을 충분히 가졌던 소피는 온화한 미소를 띠며 진정된 마음으로 집으로 돌아온다. 아이들이 이 책을 읽고 질문을 만들었다.

"소피는 달리면 화가 가라앉을까?"
"화가 날 때는 왜 옆에 있는 고사리도 새소리도 안 보이고 안 들릴까?"
"나는 화가 날 때 어떻게 하고 있을까?"
"화는 어떻게 내야 하는 걸까?"

소피의 감정 흐름을 보고 아이들은 엄마가 해줄 말을 스스로 떠올렸다. 그리고 자신과 비교하면서 화나는 감정에 대해 깊이 생각하는 시간을 가졌다.

화가 처음 났을 때는 자기도 소피처럼 옆에 있는 동생, 엄마, 친구의 마음은 전혀 보이지 않았다며 '왜 그랬을까?' 스스로 의문을 품는다. 엄마에게 말대꾸한 이야기, 동생을 때린 이야기, 친구를 비난한 이야기를 풀어내며 이제는 화가 날 때 잠시 혼자 있어봐야겠다는 새로운 방법도 찾아낸다.

질문에 이런저런 생각을 하는 동안 아이들은 "아, 왜 소피가 밖으로 뛰어나가 숲속을 달렸는지 알겠어요"라고 말하면서 "그럼 앞으로는 화가 날 때 어떻게 하지?" "어떻게 화를 내야 잘 냈다고 할까?"라며 자기에게 적용하는 질문도 했다. 자기 감정도 소중하게 다루고 상대방의 마음도 이해하는 현명한 방법을 아이들이 스스로 찾아냈다.

"엄마랑 이야기할 때 화가 나면 10분만 방에 들어갈 거예요. 그리고 엄마에게 내가 문을 '쾅' 닫고 들어가더라도 잠깐만 기다려달라고 부탁도 하고요. 대신 10분 있다 나와서 사과할 거예요."

"화가 날 때는 바로 말하지 않고 잠시 눈을 감고 5초를 기다릴거예요. 화가 나면 저는 좀 나쁜 말을 많이 하거든요. 그래서 잠깐 마음을 진정시키고 난 다음 대화를 해볼 거예요."

"저는 화가 나면 엄마나 아빠가 꼭 안아주면 좋겠어요. 그럼 화가 사라질 것 같아요."

아이들은 저마다 자기만의 방법을 찾아서 이야기했다. 아이들이 찾은 방법을 처음 들었을 때 많이 놀랐다. 어른들이 원하는 방법이랑 비슷했기 때문이다. 오히려 아이들은 각자의 성향에 꼭 맞는 방법을 기특할 정도로 더 잘 찾아냈다.

우리는 아이들이 화를 내고 있을 때 그동안 어떻게 대처했을까? 화는 나 자신이든, 남이든 누군가 알아주기만 하면 사라진다. 아무도 내 마음을 몰라주는 것 같아 화가 날 때가 대부분이다. 아이들이 화를 낼 때 책으로 마음을 헤아려주는 것도 좋은 방법이다. 내 아이가 똑똑하게 화를 낼 수 있도록 이 책을 함께 읽어보자.

■ 《소피가 화나면, 정말 정말 화나면》 질문대화 독서법

소피의 감정 변화를 보면서 질문해보자. 엄마가 먼저 비슷한 감정의 경험을 들려주면 아이도 자신의 행동을 깊이 들여다본다.

❶ 소피의 변하는 몸 색깔 찾기

★ 화가 나는 강도에 따라 변하는 노랑, 주황, 빨강 실루엣을 찾는다.

"노란색 실루엣 소피는 어디 있을까?"

★ 색깔이 변한 이유 묻기

"왜 색이 노란색에서 빨간색으로 변했을까?"

❷ 생각을 이끄는 질문하기

"처음 장면의 소피 얼굴과 마지막 장면의 소피 얼굴 표정은
왜 다를까?"

"어떻게 소피는 화를 푼 걸까?"

"넌 언제 화가 가장 많이 났어?"

"넌 화가 날 때 어떻게 하면 화가 풀릴 것 같아?"

❸ '화가 날 때는 이렇게 도와주세요!' 만들기

★ 예쁜 메모지 또는 색종이를 활용한다.

★ "엄마 아빠가 무엇을 도와줄까?"

★ 원하는 것을 종이에 적는다.

"10분만 제 방에 있게 해주세요. 노크를 참아주세요."

"제가 화를 내면 엄마가 무조건 1분만 꼭 안아주세요."

★ 방문 또는 원하는 곳에 붙여둔다.

아이의 우울과 걱정은 어디서 오는 걸까?

초등 5학년 지우가 그림책 《안녕, 울적아》를 읽고 '오늘의 감정날씨'를 썼다. 글에는 지우의 감정날씨가 왜 먹구름인지, 자신의 우울한 마음은 무엇 때문인지 자세히 표현되어 있다.

지우는 오늘 아침 엄마에게 잔소리를 들었다. "제발, 정신 좀 차려! 도대체 왜 그러는 거야? 너 때문에 못살겠다." 현관문을 빠져나오기 직전까지 엄마의 잔소리가 따라다녔다. 지우에 따르면 자기는 매일 실수를 하나씩은 하는 것 같단다. 오늘은 양말 한 쪽이

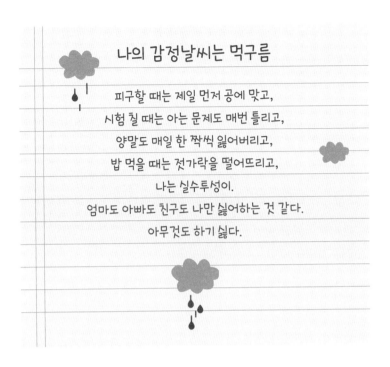

나의 감정날씨는 먹구름

피구할 때는 제일 먼저 공에 맞고,

시험 칠 때는 아는 문제도 매번 틀리고,

양말도 매일 한 짝씩 잃어버리고,

밥 먹을 때는 젓가락을 떨어뜨리고,

나는 실수투성이.

엄마도 아빠도 친구도 나만 싫어하는 것 같다.

아무것도 하기 싫다.

사라져서 한참을 찾았고, 어제는 밥 먹다 젓가락을 두 번이나 식탁에서 떨어뜨렸다고 했다. 이럴 때면 어김없이 엄마의 야단이 들려온다.

지우는 스스로 실수투성이라고 말하면서 이제는 실수가 싫어서 아무것도 하지 않고 가만히 있고 싶다고까지 말했다. 얌전하고 조용한 성격의 지우였기에 무표정해도 원래 그런가보다 했는데 심각한 고민을 안고 있었던 것이다.

지우의 우울함은 과연 어디서 오는 걸까? 왜 지우는 누구나 하는 평범한 실수를 할 뿐인데 우울해진 걸까? 이혁재 한의학 박사는 '소아 우울증'에 대해, 착하고 순진한 아이들에게 우울증이 잘 발생하는데 이런 성향의 아이들에게는 주의해야 할 점이 있다고 말한다. 절대로 아이를 심하게 혼내지 말라는 것이다. 이때 받는 스트레스가 아이 마음에 상처가 되고 우울의 원인이 될 수 있다고 한다.

지우의 부모님은 지우의 작은 실수도 용납하지 않으신다. 어렵게 가진 아이여서 아들이 바르게 커주길 바란다. 지우의 반복적인 실수에 부모님의 야단은 일종의 훈육이다. 그런데 부모님의 바르게 커주길 바라는 기대가 지우의 감정날씨를 항상 먹구름으로 만들었다.

우울한 감정에서 벗어나려면?

《안녕, 울적아》에서 주인공 빌은 우울한 감정을 가진 아이다. 유난히 눈을 뜨기 힘든 아침, 아무것도 하기 싫고 되는 일도 없어서 점점 울적해진다.

어느 날부터 빌이 울적할 때마다 먹구름이 자신의 주변을 맴돌기 시작한다. 처음에는 작아서 있는지도 모를 정도였는데, 먹구름은 어느새 빌보다 훨씬 커져 있다.

먹구름 울적이는 빌이 가는 곳마다 따라다니는데, 빌이 피하거나 없는 척 무시하려고 애를 써도 없어지지 않는다. 빌은 울적이가 너무 싫어 용기를 내서 싸워볼까도 생각하지만 결국은 겁이 나서 도망만 다니다가 울고 만다. 빌이 울자 울적이 먹구름도 눈물을 뚝뚝 흘린다. 빌은 울적이를 한참 바라보다 울적이가 자기 모습과 닮았음을 느낀다. 그래서 빌은 먹구름 울적이의 손을 잡아준다. 그 순간 울적이는 점점 작아지더니 어느새 사라져버린다.

누구나 말로 표현하기 힘든 우울한 감정이 들 때가 있다. 아이들은 지우처럼 자신의 감정을 마주보는 데 익숙하지 않아서 우울감에 빠지기 더 쉽다. 이럴 때는 외면하고 무시하기보다는 감정을 솔직하게 들여다보고 토닥이는 시간을 가져야 한다. 다행히 빌은 울적이에게 다가가 손을 내밀었다. 그러나 대부분의 아이들은 스스로 이런 감정에서 벗어나기 어렵다.

대부분의 아이들은 빌이 처음 그랬던 것처럼 겁이 나기도 하고, 용기가 나지 않아 오히려 외면한다. 이럴 때 부모님의 화난 목소리와 짜증은 아이를 더 움츠려들게 만든다. 엄마의 훈계가 아이를 가두는 빗장이 되는 것이다.

아이가 자신의 울적이에게 손을 내밀려면 부모님의 도움이 절실하다. 아이를 격려하고 공감하는 안정감이 내 아이의 상처를 치유하는 기본이다. 내 아이도 빌처럼 마음속 우울을 잘 바라보면 먹구름이 아니라 해가 반짝이는 감정날씨가 될 수 있다.

아이가 우울할 때 고민을 청소해주는 책

《먹구름 청소부》
최은영 글·그림, 노란상상

《먹구름 청소부》는 아이들 마음 속에 있는 걱정과 불안한 감정을 하나씩 짚어보며 자신을 괴롭히는 우울한 마음을 해결해 나가도록 도와주는 책이다. 걱정이 많은 아이들은 자기만의 고민에 쌓여 자신감을 잃거나 부정적인 생각에 갇히는 경우가 많다. 이 책은 이런 아이들의 어깨를 토닥여주고, 우울한 마음을 깨끗하게 청소해준다.

'공부는 꼴찌, 운동은 몸치, 얼굴도 못난이'라고 생각하는 주인공 수호는 우울함이 가득한 아이다. 수호는 앞이 보이지 않을 정도로 큰 먹구름에 쌓여 있다. 어디선가 불쑥 나타난 먹구름 청소부는 수호에게 묻는다. "안녕? 넌 무슨 걱정이 그렇게 많니?"

수호는 말하지 못했던 자신만의 깊은 고민을 조심스럽게 말한다. 수호가 걱정을 하나씩 꺼낼 때마다 먹구름 청소부는 수호의 걱정들을 사라지게 해준다. 마음속 먹구름이 끼게 된 이유를 찾아주며 수호를 웃게 만든다.

"먹구름 청소부는 책 속에만 있는 걸까?"

"수호는 왜 자기가 꼴찌라고 말했을까?"

"아이들은 왜 모두 자기가 못생겼다고 말하는 걸까?"

"걱정은 어디서 오는 걸까?"

"만약 나라면 힘들다고 말할까?"

"먹구름을 청소하면 어떤 느낌일까?"

이 책을 읽고 자신의 고민 이야기를 하면서 아이들이 던졌던 질문이다. 아이들은 자신의 고민을 쉽게 떠올렸다. '공부' '외모' '건망증' '놀림거리' '친구관계' '부모님' 등 저마다 할 말이 많다.

"먹구름 청소부는 책 속에만 있는 걸까?" 질문을 만든 우찬이는 현실에도 이런 청소부가 있으면 좋겠다고 말한다. 수호처럼 자기도 공부를 못해서 시간표에 수학이 든 날에는 학교도 가기 싫고, 아침에 일어나기조차 힘들다고 했다. 선생님이 숙제를 주면 더 걱정이라고 한다. 자기는 한 번에 설명을 이해할 수 없는데 엄마는 이해 못한다며 화를 내니까 숙제시간이 더 두렵다고 했다. 그러면서 "먹구름을 청소하면 어떤 느낌일까?"라는 질문을 또 던졌다.

만약 먹구름 청소부가 진짜 있다면 딱 일주일만 수학을 시간표에서 없애달라고 부탁하고 싶단다. 그러면 개운한 기분일 거라고 한다. 하지만 자기는 수호처럼 힘들다고 말할 용기가 나지 않는단다. 이 말을 듣고 있던 친구가 자기 이야기를 들려준다.

"나도 예전에 숙제를 자주 안 해서 불안한 마음이었던 적이 있었어. 그때는 숙제를 해온 아이들이 더 많은지, 안 한 애들이 더 많은지부터 세어보고 안 한 아이들이 더 많기를 바랐던 적이 있었어. 나만 혼나는 게 아니니까 안심이 되더라고. 그런데 매일 그러니까 조금 힘들었어. 큰 마음먹고 숙제를 해봤는데 친구와 선생님 상관없이 마음이 너무 편안했어. 그래서 알았어. 숙제를 하면 해결되는 문제였다는 것을 말이야. 너도 그렇게 해봐!"

다른 아이들도 한 가지씩 자기 경험을 이야기하고는 이제는 알겠다고 말했다. 걱정을 하는 순간에는 힘들어서 몰랐는데, 지나고 나니 걱정은 자기가 만드는 것 같다고 했다. 친구들의 말을 듣고 수학 때문에 우울한 우찬이가 무언가 결심한 듯 말했다.

"제가 스스로 먹구름 청소부가 되어볼게요."

수학 숙제를 걱정하는 시간에 차근차근 한 문제씩 풀어보고, 엄마에게도 화내지 말아달라고 용기내서 말해보겠다고 했다. 자기는 이해를 잘 못하니까 두 번 설명할 때까지는 절대 화내지 말라고 부탁하겠다고 했다.

자신감은 스스로를 돌아볼 때 생긴다. 먹구름 청소부가 수호에게 걱정을 바라볼 기회를 부여했던 것처럼 우찬이는 책을 읽으며 자기를 들여다보았다. 스스로 상황을 판단하며 자신감을 찾았다.

《먹구름 청소부》 질문대화 독서법

아이의 걱정을 들으면서 엄마가 먹구름 청소부가 되어보자. '내 아이의 걱정은 무엇인지' '어떡하면 아이가 걱정에서 벗어날 수 있는지' 알 수 있을 것이다. 아이가 스스로 힘을 키울 수 있도록 질문을 하면서 이 책을 함께 읽어보자.

❶ 책 읽기 전, 오늘의 감정날씨 말하기

★ 햇님, 구름, 번개, 천둥, 비, 눈, 바람, 얼음처럼 대상에 빗대어 말한다.

"오늘 너의 감정 날씨는 뭐야?"

"나는 구름이야. 왜냐하면…."

❷ 책을 읽으며 생각을 이끌어주는 질문하기

"수호는 왜 자기가 아무것도 못한다고 생각했을까?"

"걱정은 어디서 오는 것일까?"

"너도 감정날씨가 먹구름이었던 적이 있어?"

"먹구름을 청소하면 어떤 기분일까?"

"어떻게 하면 걱정에서 벗어날 수 있을까?"

❸ '먹구름 청소부에게 청소 부탁하기!'

★ 먹구름 모양 그림이나 메모지에 '청소하고 싶은 걱정'을 쓴다.

★ 햇님 모양 그림에 '어떻게 청소하면 좋을까?' 방법을 쓴다.

❹ 위로하고 격려하며 마음에 힘 주기

감성지수 높은 아이가 창의적 인재가 된다

창의성은 지능지수(IQ)가 아니라 감성지수(EQ)가 좌우한다.
새로움을 창조하는 능력은 감성터치에서 시작된다.

창의성은 감성지수부터

창의성의 사전적 의미는 '새로운 것을 생각해내는 특성'이다. 새로운 것은 무에서 유를 창조하는 능력이 아니라 언제나 우리 곁에 있는 것, 익숙해서 있는 줄도 모르는 것을 새롭게 느끼는 관점에서 만들어진다. 이미 존재하고 있는 것을 나만의 시선과 연결해서 새로움을 발견하고 세상에 내놓는 것이 바로 창의성이다.

미국 오리건주립대학의 육상코치 빌 바워만은 어느 날 아침에 일어나 주방으로 갔다. 그의 아내는 아침으로 와플 굽기를 좋아한다. 언제나처럼 와플을 굽고 있던 아내와 와플머신을 지켜보며 식탁에 앉았다. 바로 그 순간 그의 머릿속에는 스치듯 영감이 떠오른다. '와플기계에 밀가루 반죽 대신 액체고무를 부어보면 어떨까?' 그는 '저 패턴대로 고무를 녹여서 운동화 밑창을 만든다면 마찰력과 추진력을 동시에 얻을 수 있겠다'는 생각을 해낸다. 이렇게 탄생한 것이 나이키 운동화 코르테즈(Cortez)다.

오리건주립대학의 육상 선수였던 필 나이트(Phil Knight)와 그의 코치 빌 바워만의 합작으로 시작된 나이키의 초창기 시장 점유율은 많이 부진했다. 푸마와 아디다스에 비교할 수 없을 만큼 열세였다. 그런데 새로운 운동화 '코르테즈'를 출시하면서 나이키는 세계 최고의 자리에 등극한다.

나이키의 운동화 밑창을 탄생시켰던 와플머신은 세상에 없던 것이 아니었다. 있는 듯 없는 듯 우리 주변에 항상 존재하는 것이었다. 기존에 있었던 것에 빌 바워만의 새로운 시선이 더해져 특별해졌을 뿐이다. 나이키의 혁신적인 운동화는 빌 바워만의 '다르게 보기' 관점이 없었다면 세상에 없었다. 이처럼 독창적인 것은 내 안의 시선을 깨울 때 만들어진다. 이미 있는 것을 다르게 바라볼 때 탄생한다.

이런 시선은 어떻게 만들어질까? 관점은 타고나는 것이 아니다. 철저히 만들어지는 것이다. 새로운 관점을 만들어주는 것이 바로 감성지능이다. 일상을 조금 다르게 바라보는 힘을 키우려면 감성터치가 중요하다. 시선을 바꾸려면 정서가 바뀌어야 한다. 감정을 다루는 방식에 따라 의식의 전환이 일어나기 때문에 새로운 관점은 감성을 키우는 것에서부터 출발한다.

⭐ 감성지수 높은 아이가
창의적 인재가 된다

스탠퍼드대 루이스 터먼 박사는 지능지수(IQ)보다 더 관심을 가져야 하는 것이 아이의 감성지수(EQ)라고 강조했다. 책을 많이 읽고 인지능력만 높은 아이는 자신의 지식을 지적유희로만 사용한 반면, 정서지능이 높은 아이는 사회에서 성공할 확률이 높았다는 연구결과를 발표했다.

그는 IQ 150 이상인 아이 1,500명을 70년 동안이나 조사했다. 그 결과 IQ가 높은 아이는 오히려 자라면서 평범하거나 또는 그 이하의 삶을 살았다고 한다. 지능지수만 높은 아이들은 소통능력이 결여되어 있기 때문에 성공적인 삶을 살 수 없었다. 반면 정서지능이 뒷받침된 아이들은 상대가 무엇을 원하는지 인식하고 서로의 생각을 공유했기 때문에 남다른 소통능력으로 성공적인 삶을 살았다.

터먼 박사는 남다른 소통능력을 키우려면 아이의 감성지능을 먼저 키우라고 한다. 자신의 다양한 감정을 알고 수용하고 표현하는 능력이 갖춰져야 대상을 바라보는 관점이 바뀌기 때문이다. 감성지능이 성공을 좌우하는 것도 바로 이런 이유다.

감정표현이 자유로운 사람은 자신의 감정을 긍정적으로 표현할 줄 알기 때문에 공감능력, 소통능력이 탁월하다. 바로 이 공감과 소통이 사람뿐만 아니라 대상을 보는 긍정적 시선을 만든다.

보이는 것만 보거나 보고 싶은 것만 보는 시선이 아니라 아무도 발견하지 못한 새로운 것을 발견하는 사람이 되려면 무엇보다 감성을 키워야 한다. 세상의 모든 생명체와 사물에 대한 존재 이유를 인지하고 새로움을 발견하는 능력이 바로 감성지능이다.

우리 아이 감성을 키우는 책

《다니엘이 시를 만난 날》
미카 아처 글·그림, 이상희 옮김, 비룡소

《다니엘이 시를 만난 날》은 아이의 머리와 가슴을 깨워 아이의 삶 자체를 한 편의 시로 만들어 줄 수 있는 작품이다. 아이의 시선을 바꾸고, 삶을 대하는 태도를 변화시킬 것이다. 아이들은 이 책을 읽고 주인공 다니엘처럼 주의 깊게 일상을 관찰하고 오감으로 느끼는 경험을 하면서 자신의 감성을 키울 수 있다.

"친구야, 너는 시가 뭔지 아니?"

다니엘은 월요일 아침 공원 입구에서 안내문을 본다. 거기엔 '공원에서 시를 만나요. 일요일 6시'라고 적혀 있다. "시, 시가 뭘까?" 다니엘은 시가 무엇인지 알고 싶어 월화수목금토일 공원에 살고 있는 동물 친구들을 찾아간다.

그러자 동물 친구들은 제각기 자신이 느끼고 있는 시에 대해 이야기한다. 거미는 "아침 이슬이 반짝이는 거야"라고 대답하고, 청설모는 "시는 바삭바삭 나뭇잎이 바스락거리는 거야"라고 말한다. 다람쥐는 "오래된 돌담이 둘러싼 창문 많은 집"이라 하고, 개구리는 "시원한 연못에 뛰어드는 거야"라고 한다. 공원에서 만난 동물 친구들은 모두 '자신이 느끼는 대로가 시'라고 다니엘에게 알려준다.

다니엘은 풀 한 포기에도, 하늘의 구름에도, 바람에도 시가 있다는 것을 알았다. 다니엘은 시는 멀리 있는 것이 아니라 주변의 일상이 아름다운 시가 된다는 것을 깨닫는다. 바스락 소리, 물에 손을 담그면 느껴지는 시원함, 하루가 저물 무렵 노을의 붉은 빛이 모두 시다. 평범함 속에 내가 보고 듣고 만지고 해서 발견한 나만의 특별함을 표현하면 나만의 감성적인 노래가 된다.

선물

주황, 노랑 단풍잎을 보면
선물하고 싶은 마음이 든다.

가장 예쁜 잎을 골라
깨끗하게 목욕시켜
바람에 말리고
내가 좋아하는 책 이름을
예쁘게 써서
책갈피를 만들어

가을을 볼 수 없는
내 책에게 꽂아주고 싶다.

가을을 함께 구경하고 싶다.

가을쯤 《다니엘이 시를 만난 날》 책을 읽고 초등 2학년 채원이가 자기만의 시를 썼다. 채원이는 평소에 시를 지어본 적 없는 아이다. 이 책을 읽으며 동물 친구들을 만나고, 다니엘이 시를 발표하는 것을 보고 온전히 자기만의 느낌을 시에 담았다. 채원이는 "시가 무엇일 것 같아?"라는 물음에 "좋아하는 책이랑 가을을 함께 느끼는 것"이라고 대답했다.

책 속 다니엘은 자연을 담아 자기만의 특별함을 만들 줄 아는 아이였다. 마주치는 대상에 다양한 감정을 이입해 평범함에 생명을 불어넣을 줄 알았다. 이 책을 읽은 채원이도 똑같다. 자신이 지금 느끼고 있는 가을과 좋아하는 책을 연결해서 생생하게 살아 있는 감정을 시에 담았다.

아이들은 누구나 시인이 될 수 있다. 만지고, 보고, 듣고, 냄새 맡을 기회만 있으면 된다. 온몸으로 자연을 느낄 수만 있다면 아이들은 자기만의 감성을 가슴에 담을 수 있다. 자연만큼 독창적인 것은 없기 때문에 아이가 자연을 느끼기만 하면 된다.

많은 철학자들은 자연에서 배우지 않는 것은 평생 남의 뒤를 따라가며 모방자의 삶을 살겠다는 것과 같다고 말한다. 다니엘과 채원이가 일상을 자기만의 특별한 감성으로 느끼고 의미를 부여했던 것처럼 새로운 발견은 자연에서 시작된다.

'Think week(생각주간)'으로 유명한 빌 게이츠는 물론이고 스티브 잡스, 워런 버핏, 괴테, 니체 등은 모두 하는 일은 다르지만 자신의 일을 위해 자연에서의 삶을 중시했다. 이들은 자연에서 사색의 시간을 가지면 세상을 바라보는 관점이 바뀐다고 했다. 사색이 창조의 시작인 시선을 바꿔주기 때문이란다.

아이들의 독창성은 연습하는 만큼 길러진다. 하나하나 만지고 느끼는 경험이 내 아이의 감성과 독창성을 키워준다. 일상의 특별함을 위해 아이와 느낌 있는 오늘을 보내보자.

《다니엘이 시를 만난 날》 질문대화 독서법

아이의 감성을 자극하면서 이 책을 읽어보자. 나뭇잎, 풀잎, 돌, 모래, 흙, 물 등 사물에 감정을 이입해서 아이만의 특별한 의미를 담을 수 있도록 도와주자.

❶ 색종이로 기분 색깔 찾기

"오늘 기분은 어떤 색깔이야?"

❷ 퀴즈처럼 책 읽기

★ 동물들의 대답을 먼저 읽어주고 어떤 동물의 답인지 맞춘다.

"'시는 아침 이슬이 반짝이는 거야'는 누구의 대답일까?"

❸ 책을 읽으며 질문하기

"다니엘은 왜 동물들에게 시가 무엇인지 물어보았을까?"

"눈을 마주치며 동물 친구와 대화한 이유는 뭘까?"

"동물 친구들은 같은 공원에 사는데 왜 모두 다르게 대답했을까?"

"너는 시가 뭐라고 생각하니?"

❹ 나만의 감성이 있는 시 짓기

★ 대상을 정한다.

"가을 하면 뭐가 떠올라?" "주변을 한번 둘러볼까?"

★ 대상에 대해 떠오르는 생각이나 느낌, 감정단어를 오감을 위주로 자유롭게 적는다.

★ 대상에 대해 질문해 깊이 생각한다.

"나뭇잎은 왜 바스락거릴까?"

"나뭇잎은 나무에 있을 때랑 바닥에 떨어져 있을 때랑 기분이 다를까?"

"나는 혼자 있을 때 어떤 기분이었을까?"

"외로움을 느끼는 것은 또 누가 있을까?"

★ 제목을 정한다.

★ 질문으로 이야기했던 것과 떠올렸던 느낌, 감정을 정리하면 시가 된다.

★ 접속사, 부연설명 등을 지우고 핵심단어 위주로 쓴다.

❺ 예쁜 색지 또는 스티커를 활용해 꾸미기

7

매일 20분 책 읽기로
아이와 부모의 관계를
회복할 수 있다

'이유 없는 반항은 없다.'
한 걸음 물러서서 아이의 이유를 바라봐주자.
부모도, 아이도 이유를 인정하는 시간이
서로의 상처에 공감하는 진정한 회복이다.

의존적인 아이,
자립심 키우기

의존적인 아이에게도 잘하고 싶은 마음이 있다.
단지 지금은 숨고르기 중일 뿐이다.

의존적인 아이의
2가지 마음

의존적인 아이 내면에는 2가지 마음이 공존한다. 낯선 것을 보면
두려움이 먼저 발동하지만 동시에 '나도 잘하고 싶다'라는 마음이
함께 꿈틀거린다.

에릭 바튀의 그림책《빨강 캥거루》의 빨강은 이른바 '엄마 껌딱
지'다. 그래서 친구들은 빨강을 겁쟁이라고 놀린다. 빨강은 낯선
것만 나타나면 엄마 주머니에 숨는다. 이제 너무 커서 코만 넣을
수 있는데도 빨강은 주머니에 들어가려고 한다. 하지만 빨강은 누

구보다 호기심이 많다. 단지 혼자 있을 때 두려운 마음이 커서 도망갈 뿐이다.

"어떻게 하면 잘하고 싶은 마음이 무서운 마음을 이길 수 있을까?"

초등 2학년 다정이가 빨강이의 2가지 마음을 보면서 질문했다. 다정이 엄마는 다정이의 엄마 껌딱지 성향 때문에 계단에서 넘어졌다. 한 층만 내려가면 아이스크림 집인데, 다정이가 혼자 가기 무섭다며 엄마와 실랑이를 하다가 엄마는 발목을 삐끗했다. 매일 다니는 상가 건물이어서 엄마는 다정이에게 더 화가 났다.

다정이의 성향에 조금 지쳤던 엄마는 "제발, 혼자 좀 다녀! 넌 왜 혼자 못 다니는 거야?"라며 이날 엄청난 화를 냈다. 다정이는 엄마가 무서워 아직 미안하다는 말도 못했다고 했다.

빨강이를 보며 다정이가 자신의 마음에 질문을 했다. 두려움을 떨치는 방법을 고민하는 다정이는 정말 정말 잘하고 싶은 마음이 진짜 많단다. 그런데 잘 안 돼서 자신에게 화가 날 때도 있다고 한다.

엄마는 화낼 때마다 다정이를 다그치는데, 그럴 땐 자신도 너무 답답하다고 말했다. 남들이 볼 때 다정이는 혼자서는 아무것도 못하는 아이, 하기 싫어하는 아이로 낙인되어 있다. 하지만 그건 틀렸다. 다정이는 누구보다 잘하고 싶은데 단지 자신감이 좀 약할 뿐이다. 다정이의 잘하고 싶은 마음이 두려움에 살짝 막혀 있을 뿐이다.

✦★ 잘하고 싶은 마음을
끌어주기

'엄마, 미안해. 나도 잘하고 싶은 마음이 있는데 무서운 마음이 더 크게 느껴져서 그래.'

다정이가 《빨강 캥거루》를 읽고 엄마에게 쓴 쪽지 편지 중의 한 줄이다. 다친 엄마에게 사과를 하며 자신의 마음을 전했다. 다정이의 '잘하고 싶은 마음'에는 그간 다정이가 겪어왔을 힘듦이 그대로 느껴진다. 어떻게 하면 다정이의 잘하고 싶은 마음을 좀 더 끌어줄 수 있을까?

— "아직 어떤 캥거루도 무지개가 어디서 오는지 알아내지 못했단다. 캥거루는 용감할 뿐만 아니라 지혜롭기도 한데 말이야."

《빨강 캥거루》의 빨강이 엄마가 빨강이의 호기심을 자극할 때 하는 말이다. 빨강이 엄마는 빨강이가 두려워할 때마다 다그치기보다는 긍정적으로 이끌어준다. '너는 원래 잘할 수 있는 아이야!'라는 확신을 주고, '너는 잘할 수밖에 없는 특별한 아이야!'라고 힘을 실어준다. 엄마는 빨강이가 고슴도치를 보고 도망 왔을 때도 '넌 원래 용감한 아이'라며 빨강이의 내면 깊숙한 곳에 숨겨진 힘을 꺼내도록 도와준다.

그 덕분에 빨강이는 하루하루 더 멀리, 더 먼 곳으로 나갈 수 있었다. 결국 아무도 가보지 못한 무지개가 시작되는 끝까지 빨강이는 혼자 갔다. 빨강이는 엄마가 부드럽게 자극해주는 이끎 덕분에 자기만의 힘을 찾아냈다.

다정이도 잘하고자 하는 의지는 이미 내재되어 있다. 이제 다정이를 부드럽게 이끌어주기만 하면 다정이도 머지않아 빨강이보다 더 멋진 힘을 가질 수 있다.

자립심을 키워주는 책

《빨강 캥거루》
에릭 바튀 글·그림, 이순영 옮김, 북극곰

'캥거루' 하면 어떤 장면이 떠오를까? 아마 엄마의 주머니에 쏙 들어가 얼굴만 빼꼼 내민 아기캥거루가 떠오를 것이다. 캥거루는 종류마다 조금 다르긴 하지만 태어날 때 몸무게가 1g이 조금 넘는다. 크기가 짐작이 되는가? 갓 태어난 새끼는 자기 힘으로 엄마의 주머니에 올라가 젖꼭지를 문다. 이후 아기는 6개월에서 12개월 정도 주머니에서 생활하다가 독립을 한다.

《빨강 캥거루》는 아기 캥거루가 엄마의 사랑을 받고 독립하는 이야기를 담고 있다. 처음 아기 캥거루 빨강이는 겁쟁이였다. 독립을 할 때가 되었지만 친구들과 달리 자꾸 엄마 주머니로 숨으려고 한다. 가끔 빨강이도 엄마 주머니 밖으로 나가서 뛰고 싶지만 두려움이 커서 좀처럼 용기가 나지 않는다. 친구들도 이런 빨강이를 겁쟁이라며 놀린다. 하지만 빨강이는 언제나 편안하게 대해주는 엄마 덕분에 조금 늦었지만 결국 주머니를 폴짝 넘어 넓은 초원으로 뛰어다닌다.

이 작품은 아이들이 캥거루 빨강이를 통해 자기 안에 꿈틀거리는 힘을 발견하게 한다.

"빨강이는 친구들 보다 훨씬 높이, 멀리 뛸 수 있는데 왜 자꾸 도망을 가는 거예요?"
"빨강이가 겁만 없으면 진짜 씩씩하고 멋질 텐데…."

이 책을 읽을 때 아이들이 주로 하는 말이다. 아이들은 자꾸만 겁을 먹는 빨강이의 행동이 속상하다. 빨강이는 겁이 많지만 친구들보다 호기심도 많고, 뜀뛰기와 달리기도 훨씬 잘한다. 그런데도 단지 겁이 많다는 이유로 이러한 장점이 친구들 눈에도, 자신에게도 잘 보이지 않는다. 하지만 이 책을 읽는 아이들은 빨강이의 장점이 잘 보인다. 그래서 아이들은 속상함을 표현하면서 동시에 "겁 안 내도 되는데…" "빨강아, 도망가지 마!"라고 빨강이를 응원한다.

빨강이 엄마가 빨강이의 호기심을 자극해 멀리 무지개를 보러 가게 만드는 책 속의 한 장면이 있다. 여기서 아이들에게 "어때? 이번에도 빨강이가 엄마에게 뛰어올까?"라고 질문을 던지면 대부분의 아이들은 돌아올 것 같다는 느낌을 가지고 있으면서도 "안 올 거예요!"라고 대답한다. 이러한 아이들의 대답에는 '엄마 품으로 도망오지 말고 씩씩하게 잘 놀았으면 좋겠다'는 간절함이 묻어 있다.

아이들은 자신들도 빨강이처럼 두려움이 있다고 한다. 하지만 이럴 때는 잘하고 싶은 절실함도 동시에 마음속에 있단다. 아이들은 만약 누군가 자신을 조금만 도와주면 용기를 낼 수 있을 것 같다며 친구, 선생님, 엄마 중 누구라도 한 명만 옆에 있으면 좋겠다고 말했다.

만약 내 아이가 의존적이고 두려움이 많다면 책을 읽는 아이들과 똑같은 마음이다. 아무것도 할 수 없는 아이처럼 보여도 잘하고 싶은 간절함이 누구보다 클 것이다. 이럴 때는 캥거루 엄마처럼 아이에게 무언가 힘을 낼 수 있는 편안함을 선물해보면 어떨까? 조바심이 나더라도 잠시 숨겨두고 여러 가지 설득보다는 스스로 힘을 낼 수 있도록 꼭 안아주며 말해보자. "엄마는 너를 믿어. 이미 너는 잘하고 있어."

그림책 작가 에릭 바튀가 빨간색을 작품 전체에 그려넣은 이유는 모든 아이의 내면에는 열정적인 희망과 용기가 있으니 세상 밖으로 나올 수 있게 빨강이 엄마처럼 꺼내주자는 의미도 있다.

새가 날지 않고 가지에 머물러 있는 것은 더 높이 날아오르기 위한 준비이거나 휴식이다. 마찬가지로 아이들이 망설이고 있는 것은 빨강 캥거루처럼 백 걸음, 이백 걸음 더 넓은 곳으로 뛰어가기 위해 숨고르기를 하는 것이다. 머지않아 우리 아이도 스스로 용기를 낼 수 있다. 빨강 캥거루를 응원하던 아이들처럼 든든하게 우리 아이의 곁을 지켜주자.

■ 《빨강 캥거루》 질문대화 독서법

아이가 자신의 감춰진 내면의 힘을 찾을 수 있도록 유연하게 끌어주면서 이 책을 읽으면 된다.

❶ 두려움을 해소하는 게임하기

★ 내부가 보이지 않는 불투명한 상자를 준비한다.

★ 아이 몰래 각종 물건들을 상자 속에 넣는다.

★ 촉감이나 모양에서 살짝 무서움을 느낄 만한 것도 함께 넣는다.

★ 눈을 가리고 상자 속 물건이 무엇인지 맞춘다.

★ 상자 속 물건이 어떤 물건인지 확인하면서 눈을 감았을 때와의 차이점에 대해 이야기한다.

★ 두려움은 나의 마음이 만들어내는 것이라고 알려준다.

★ "잘했어!" "대단해!" 등 칭찬한다.

❷ 표지의 제목과 색깔에 대해 이야기하기

❸ 질문하며 내용 읽기

"너는 언제 빨강이처럼 두려운 마음이 들어?"

"빨강이처럼 너는 어떤 장점이 있을까?"

"빨강이는 어떻게 용기 낼 수 있었을까?"

"이럴 땐 엄마가 어떻게 도와주면 좋을까?"

❹ 빨강 캥거루처럼 빛나는 마음을 나에게 적용해보기

★ '빨강 캥거루에게 어떤 마음이 빛났을까?' 127쪽의 '미덕'을 활용해 찾는다.

"나도 빨강 캥거루와 같은 마음(용기)을 어떻게 하면 가질 수 있을까?"

❺ 아이가 용기 냈던 순간을 떠올리며 칭찬 편지 전달하기

아이의
이유 있는 반항

"너, 또 코 후비니? 엄마가 하지 말라고 그랬잖아!"

"아, 아니에요! 나도 이유가 있다고요."

요시타케 신스케의 그림책 《이유가 있어요》에 나오는 아이와 엄마의 대화다. 아이는 코를 후비고, 다리를 덜덜 떨고, 밥을 흘리는 일상의 습관부터 위험천만한 행동에도 이유가 있다며 엄마에게 핑계를 댄다. 아이는 어른들이 미처 생각하지 못한 아이의 마땅한 이유를 기발한 상상력으로 들려준다.

아이들의 모든 행동에는 이유가 있다. 이 그림책에 등장하는 주인공처럼 일상적인 습관뿐 아니라 크고 작은 반항을 할 때조차 아이는 자기만의 이유가 있다.

"싸우면 안 된다고 했지!"

"아니, 그게 아니라….''

"같은 말을 몇 번이나 해야 돼!"

요즘 들어 부쩍 동생과 형과 다툼이 많은 진서는 엄마의 야단이 일상이 됐다. 진서 엄마는 아이 셋의 직장맘이다. 일하랴, 아이들 돌보랴, 바쁜 시간만큼 마음의 여유는 더 없다. 아마 진서 엄마는 아이들 스스로 자기 할 일을 하고 엄마 손이 덜 갔으면 하는 바람이 있을 것이다.

반면 오늘도 어김없이 야단을 듣는 진서의 마음은 어떨까? 진서는 동생과 형 사이에서 자기 목소리를 낼 기회가 없다. 동생이니까, 형이니까 참아야 할 일만 있다. 엄마의 관심은 항상 형에게, 동생에게만 있는 것 같다. 진서는 억울할수록 엄마에게 퉁명스럽게 말하고, 형과 동생이랑 싸우는 것을 선택한다.

진서의 반항은 진서의 결핍된 마음이 부른 이유 있는 행동이다. 이럴 때 엄마는 어떻게 아이를 대해야 할까?

✦ 마주서야 보이는
아이 마음

요시타케 신스케는 아이들의 순수한 행동과 마음을 그 자체로 존중하는 작가다. 《이유가 있어요》에도 아이를 사랑하는 마음이 그대로 녹아 있다. 작가는 아이가 뭔가의 행동을 할 때 어른들이 단순히 '하지 말라'는 말이 아니라 '왜 그랬을까?' 하며 아이 마음에 제대로 귀기울이고 공감하기를 바라는 마음에서 이 작품을 썼다. 2018년 한국 초청 인터뷰에서 그는 육아를 하다 보면 짜증날 때, 화날 때가 있는데 그럴 때마다 자신이 더 노력한단다. 두 아이의 아빠로서 좋은 아빠는 아니지만 제대로 아이들에게 반응해주고 함께 생각할 수 있는 아빠가 되려고 노력한단다. 그 마음으로 《아빠가 되었습니다만》 그림책을 만들었단다.

요시타케 신스케는 '아이들이 동경하는 어른의 상은 무엇일까?' 고민하며 아이들의 마음 하나하나를 헤아리고 지켜주고 싶은 마음을 이 작품에 그대로 녹여냈다. 심리학자 존 가트맨도 공감의 5단계를 제시하면서 아이의 감정이 격해졌을 때 오히려 아이와 친밀감을 조성하는 기회로 삼으라고 말한다. 부모가 아이 마음을 인식하고 인정하면 아이가 솔직하게 감정을 표현하고 스스로 문제해결을 한다고 한다.

부모가 아이 마음을 헤아리기 위해서는 어떤 감정상태인지, 감정의 원인이 무엇인지 먼저 관심을 가져야 한다. 행동만 보고 섣 부른 판단으로 야단을 치면 아이는 오히려 반응이 격해질 수밖에 없다. 아이들은 부모로부터 사랑받기를 원하기 때문에 자기 이야기를 잘 들어만주어도 감정의 덩어리는 사르르 녹는다.

《누가 내 치즈를 옮겼을까》의 저자 스펜서 존슨은 아이가 자신에 대해 기쁘고 좋은 마음을 느끼도록 도와주는 것이 아이가 바른 행동을 하는 열쇠라고 했다. 아이의 마음을 풀어주면 행동은 저절로 바뀐다. 부모님에게 이해받고 관심받는 기쁨이 아이가 스스로 좋은 행동을 하는 원동력이다. 부모가 따뜻한 눈빛으로 마주설 때 아이의 반항하는 마음은 비로소 문을 연다.

★ 진정한 공감에 대해 생각하게 하는 책

《감자 좀 달라고요!》
모린 퍼거스 글, 듀산 페트릭 그림,
김선희 옮김, 책과콩나무

"불러도 대답 안 한다고 아이를 야단쳤는데 결국 저의 바쁜 척, 모르는 척이 만든 결과였어요."

《감자 좀 달라고요!》를 읽은 부모님의 소감이다. 아이의 이름을 부를 때 한번에 대답하지 않는다고 큰소리까지 치며 야단치고 훈계했는데, 아이가 '왜 그랬을까?'라고 마음을 읽어줄 생각은 못했다고 말했다. 특히 부모님 본인의 행동에 대해 돌아볼 생각은 더 못했기 때문에 후회되고, 아이에게 너무 미안하다고 말했다. 그리고 부모님은 주인공 아이가 투명 인간에서 원래의 모습으로 돌아와줘서 고맙다는 말씀도 함께했다.

가끔 이 책을 읽으시는 부모님은 눈물을 보이기도 한다. 이 책을 읽는 아이보다 부모님이 더 크게 공감하며 아이의 행동과 마음에 대해 다시 생각해보는 계기를 가진다.

《감자 좀 달라고요!》는 진정한 공감이란 무엇인지, 공감의 기준은 누구에게 있는지 생각하게 하는 감동적인 작품이다. 주인공 빌에게 관심이 없는 엄마, 아빠, 형제들. 모두 자기 자신에게만 몰두하는 가족 가운데서 빌은 가족의 무관심만큼 존재감을 잃어간다. "감자 좀 달라고요!" 빌의 외침은 가족 누구도 들어주지 않는다. 빌의 마음이 가족에게 외면당할수록 빌의 모습은 점점 투명해진다. 완전히 투명인간이 되어도 엄마 아빠는 빌이 '왜 투명인간이 될 수밖에 없었는지' 빌의 상처받은 마음보다는 외모적인 문제에만 집중한다. 엄마 아빠는 빌의 마음에 귀기울이고 진심어린 애정을 쏟아주지 않는다.

"나도 투명인간이 되고 싶었던 때가 있는데… 빌은 나랑 마음이 똑같아요."

이 책을 읽는 동안 빌에게 공감하지 않는 아이는 없다. 빌이 부모님께 사랑받고 싶은 만큼 아이들도 똑같다.

"빌이 투명인간이 되려는 건 부모님의 사랑이 고프다는 이야긴데 왜 부모님들은 모를까요?"

"부모님은 왜 꼭 아이에게 문제가 생기고 나면 그때서야 아는 거예요?"라며 아이들은 하소연하기 바쁘다. 아이들에게는 '미리 연습해야 된다' '미리 준비물을 챙겨라' '예습·복습해라' 하면서 왜 정작 엄마 아빠는 예습·복습을 안 하는지 모르겠다며 농담까지 했다.

맞다. 엄마 아빠도 예습·복습이 필요하다. 무심코 스쳐 지나갈 때 아이들은 각자의 방식대로 무수히 많은 메시지를 보내고 있다. 어떻게 하면 아이의 메시지를 마음으로 읽을 수 있을까? 부모가 아이 이름을 불렀을 때 아이가 곧장 와줬으면 좋겠다고 생각하는 마음은 아이도 똑같다. 아이는 자기가 엄마를 불렀을 때 엄마가 하던 일을 멈추고 자기 말에 집중해줬으면 좋겠다고 말한다.

마음을 보려면 마음의 소리를 들어야 한다. 소리를 어떻게 들으면 될까? 경청의 聽(청)이라는 한자를 자세히 본 적이 있는가? 이 한자에는 '耳(귀)+目(눈)+心(마음)'이 들어 있다. 진정한 경청은 귀로 듣고, 눈으로 보고, 마음으로 공감하는 것이다. 눈으로는 아이를 마주보고 귀로는 아이의 소리를 듣고 아이 기준에서 마음을 공감하는 경청이 아이도, 부모도 함께 행복해지는 방법이다.

《감자 좀 달라고요!》 질문대화 독서법

주인공 빌의 마음에 집중하면서 읽어보자. 만약 아이에게 미안함이 있다면 빌을 빌려 아이에게 사과하고, 게임으로 관심을 표현해보자. 그러면 아이 얼굴에 금세 웃음꽃이 필 것이다.

❶ '나'에 대한 질문게임 하기

> 엄마 : "나의 얼굴에 점은 모두 몇 개일까요?"
>
> 아빠 : "나는 면도를 얼마 만에 한 번 할까요?"
>
> 나 : "지금 나의 이는 몇 개 빠졌을까요?"

❷ 표지의 그림을 보며 '까?' 질문 놀이

> "왜 아이는 그림자만 있을까?"

❸ 질문으로 내용과 그림에 대해 이야기하기

> "식구들은 왜 빌을 쳐다보지 않았을까?"
>
> "빌이 투명인간이 되었을 때 아빠는 왜 장난친다고 화만 냈을까?"
>
> "빌에게 관심을 가져줬을 때 빌은 어떤 마음이었을까?"
>
> "만약 네가 빌이라면 어땠을까?"
>
> "빌 엄마처럼 엄마는 언제 너를 속상하게 했어?"

❹ 서로가 바라는 관심 말하기

> 아이가 아빠에게 : "배드민턴 같이 쳐주세요."
>
> 아빠가 아이에게 : "아빠가 퇴근할 때 현관 문 앞에서 뽀뽀하며 인사해줘."

★ 함께 읽으면 좋은 책

《마법의 설탕 두 조각》 미하엘 엔데 글, 진드라 케펙 그림, 유혜자 옮김. 소년한길.

부모 눈치 보는 아이, 마음 풀어주기

아이는 부모가 싸울 때 가장 위험한 감정을 마음에 쌓는다.
부정적인 감정이 고착화되기 전에 억압된 마음을 풀어야 한다.

부모님의 갈등이 만드는 아이의 불안함

'무서운, 겁나는, 두려운, 불안한, 슬픈, 속상한, 우울한, 힘든, 놀란, 외로운, 피곤한, 답답한.'

엄마 아빠가 싸우던 날을 떠올리며 아이들이 쓴 느낌단어다. 아이들은 부모님이 싸울 때 자신이 세상에서 가장 불행한 아이 같다고 말한다.

다음은 고은이의 일기다.

무서운 마음

아빠가 늦게 들어온 밤이었다. 엄마는 아빠가 현관문을 열기 전부터 화를 냈다. "너는 방에 들어가!" 나한테도 화를 냈다. 아빠도 엄마 목소리보다 더 크게 화를 내며 싸웠다. 엄마와 아빠가 소리 지를 때마다 내 몸은 자꾸만 떨렸다. 이럴 때 언니라도 있었으면 좋았을 텐데 혼자 있으니까 더 무섭다. 엄마 아빠가 이혼하면 어떡하지? 이런 생각이 드니까 눈물만 계속 나왔다. 시간이 빨리 지나갔으면 좋겠는데 시계는 계속 그 자리다. 친구랑 놀 때는 빨리 가던 시계가 내 마음처럼 놀라서 고장난 것 같았다.

초등 3학년 고은이는 엄마와 아빠가 싸우고 나면 화장실을 갈 때도, 밥을 먹을 때도, 티비를 볼 때도 엄마 눈치만 살핀다고 한다. 엄마 아빠는 한 번 싸우면 일주일 동안 서로 말을 안 하기 때문에 고은이는 이 시간이 더 힘들다고 했다. 마치 자신이 세상에서 가장 불행한 아이 같다고 말한다.

스웨덴 캐롤린스카 연구소의 스코트 몽고메리 박사에 따르면 부모의 지속적인 갈등은 아이의 발달에도 부정적인 영향을 미친다고 한다. 그는 아이의 정신적 스트레스가 키도 작게 하고, 지능도 낮게 한다는 연구결과를 얻었다. 부모님이 싸울 때 아이는 온몸으로 스트레스를 감당하기 때문이다.

⭐ 네 마음을
말해봐!

부모교육 전문가는 아이가 엄마 아빠의 격해진 행동을 보며 불안한 감정과 두려움을 쌓을 경우, 부정적 감정이 아이 내면에 고착화되기 전에 마음을 풀어주는 것이 중요하다고 말한다. 아이가 상처를 받았을 때 밖으로 꺼내지 않으면 부정적 감정 중에서도 최하위 수준인 우울감과 무기력에 지배당하기 때문이다.

부정적인 에너지는 아이의 마음 깊은 곳에 한번 저장되면 회복하기 쉽지 않다. 부모님의 잦은 불화에 노출된 아이일수록 상처가 마음 깊숙이 자리하지 않도록 악순환의 연결고리를 끊어줘야 한다. 아이에게 회복할 수 있는 계기를 마련하는 것이 무엇보다 중요하다.

"집에 가서 엄마 아빠에게 이 책을 선물할래요!"

고은이가 최숙희의 그림책《모르는 척 공주》를 읽었을 때 한 말이다. 부모님의 잦은 갈등에 노출되어 있는 고은이가 엄마 아빠께 이 책을 꼭 보여드리고 싶다고 했다.

고은이는 부모님의 불화를 고스란히 자신의 마음에 담았다. 그런 이유로 고은이의 말문은 점점 닫혀가고 있으며 침울한 표정으로만 '나는 불행해요'라고 말하는 아이다. 그런데《모르는 척 공주》를 읽는 처음부터 고은이는 자신의 목소리를 내기 시작했다. 책 속 공주를 보는 동안 자신이 애써 짓누르고 있던 감정이 되살 아났기 때문이다. "공주가 아침 먹는 모습이 저와 똑같아요"라며 엄마 아빠 사이에서 눈치만 보는 공주의 마음에 공감했다. 특히 고은이는 그림책의 마지막 장면이 부럽다고 말했다.

마지막 장면은 부모님의 싸움으로 불안해진 아이들이 울고 있 고, 이 소리를 들은 부모님이 싸움을 멈추고 아이들에게 달려오는 모습이 그려져 있다. 고은이는 자신의 부모님도 자기에게 달려와 줬으면 좋겠단다. 부모님이 싸울 때는 혼자 있는 시간이 길어질수 록 자신이 버려진 것 같아 너무 슬프기 때문에 엄마 아빠가 비록 기분이 나쁜 상태라도 곁에 자기가 있다는 걸 기억해줬으면 하는 바람이다. 또한 고은이가 이 장면이 부러운 진짜 이유는 힘든 마 음을 솔직하게 표현하고 싶어서라고 한다. '엄마'라고, '아빠'라고 불러보고 싶고, '저도 힘들어요'라고 말하고 싶은데 그냥은 용기 가 나지 않는다는 이유다.

고은이가《모르는 척 공주》를 읽었을 때 엄마 아빠에게 책을 선 물하고 싶다는 의미는 자신의 불안한 마음을 말할 기회를 달라는 간절한 바람이다. 그래도 고은이는 이 책을 읽고 스스로 상처를 회복하려고 노력중이다. 이제 부모님이 고은이를 바라봐주기만 하면 된다. 고은이의 억눌린 불안을 꺼낼 수 있도록 엄마 아빠가 다독이고 어루만져주면 된다.

아이의 억압된 마음을 풀어주는 책

《모르는 척 공주》
최숙희 글·그림, 책읽는곰

《모르는 척 공주》는 부모님이 싸울 때 아이들의 불안한 심리를 세밀하게 표현하고 있는 작품이다.

"모르는 척 공주는 무엇을 모른다는 걸까요?"

'모르는 척 공주' 제목을 보면서 아이들은 공주의 별명이 '모르는 척쟁이'일 거라고 말한다. '잘난 척쟁이' '아는 척쟁이'처럼 누가 불러도 모르는 척만 해서 친구들이 붙여준 별명이라 생각한다. 그런데 이 책의 표지를 넘기기 시작하면 아이들은 한숨과 동시에 "아, 알겠다"라고 말한다. 별명짓기를 할 때의 분위기와 전혀 다르게 모두 힘이 빠져버린다.

이 그림책의 왕과 왕비는 밤에 크게 싸운다. 다음날, 왕과 왕비는 긴장감이 팽팽하다. 아침 식사를 할 때 공주는 배가 고프지 않은데도 음식을 하나도 안 남긴다. 공주는 엄마 아빠 사이에서 아무것도 못 본 척, 못 들은 척, 모르는 척 조용히 음식만 먹는다.

아이들은 이 장면을 보고 모두 공주가 되었다. "우리 엄마 아빠도 자주 싸우는데" "우리 엄마는 오늘 아침에도 아빠와 싸웠어." 아이들은 대부분 부모님의 싸움으로 냉랭한 집안 기운을 느껴봤다. 그런데 어떤 아이들은 부모님의 싸움이 자기 때문에 일어난 것이라고 말하기도 했다. 자기가 공부를 안 해서, 자기가 뭔가 잘못해서 부모님이 싸우는 것 같다고 걱정했다. 모르는 척 공주 또한 부모님의 싸움이 자신의 탓이라고 생각해 더 불안을 느낀다.

"우리 엄마 아빠는 만날 만날 싸워. 모르는 척했지만, 너무너무 슬퍼. 내가 뭔가 잘못해서 그러는 것 같아."

"우리 엄마 아빠가 이제 같이 못 살겠대. 이제 난 어떡하지?"

"사실은… 나도 그래. 엄마 아빠는 내가 아무것도 모르는 줄 알지만, 나도 다 안단 말이야."

《모르는 척 공주》에 등장하는 아이들의 걱정 한마디 한마디가 가슴을 콕콕 찌른다. 부모님들 간의 불편한 기운은 아이들에게 고스란히 전해진다. 아이들은 최선의 방어책이 모르는 척이라고 생각하지만 실제로는 불안에 떨면서 모든 원인을 자신에게로 돌린다. 이때 아이의 스트레스는 부정의 감정덩어리가 되어서 스코트 몽고메리 박사의 연구처럼 성장에도 치명적인 결과를 가져온다.

하지만 아이들은 마음의 문을 닫은 순간에도 부모를 기다린다. 모르는 척 공주가 울고 있을 때 부모님이 달려와준 것만으로 마음이 풀린 것처럼 부모님의 관심이 불안한 감정을 푸는 치유제다.

"엄마 아빠가 싸울 때 너도 많이 속상했지?"

"엄마 아빠가 싸우는 건 너 때문이 아니야."

"속상할 땐 엄마 아빠에게 솔직하게 말해도 괜찮아."

"엄마 아빠는 항상 너를 사랑해!"

고은이가 부모님께 듣고 싶은 말이다. 아이들은 엄마 아빠가 싸우고 난 다음 자기에게 "너도 속상했지?" "너도 힘들지?" 물어주길 바란다고 말했다. 불안한 만큼 부모님 마음을 확인받고 싶다.

이 책에서 아이들이 꼽은 가장 인상 깊은 장면 1순위가 있다. 이 책의 가장 마지막 부분이다. 부모님의 싸움으로 힘들었던 공주와 아이들은 서로의 속상한 마음을 울면서 이야기한다. 비슷한 처지의 친구들에게 마음을 터놓고 펑펑 운다. 그때 아이들의 울음소리를 들은 부모님들이 뛰어온다.

아이들은 엄마 아빠가 뛰어오는 것이 자신을 여전히 사랑한다는 확인이기 때문에 이 장면이 마음에 든다. 뭔가 마음이 편안해지는 기분이고, 자기 부모님도 책 속 부모님처럼 해줬으면 좋겠단다.

부모님의 싸움을 겪은 아이들은 자신들도 마음을 터놓고 싶어 한다. 싸움이 얼마나 슬프고 상처가 되는 것인지 알기 때문에 마음을 풀어놓을 기회를 기다린다. 이 책을 읽으며 서로에게 물어주자. "네 마음은 어때?" "너의 마음을 이야기해줄 수 있어?" 마음을 묻는 질문이 아이의 힘든 마음을 위로하는 치유다.

《모르는 척 공주》 질문대화 독서법

아이가 자신의 감정을 솔직하게 말할 수 있는 편안한 분위기를 만들어보자. 서로의 속마음을 이야기할 수 있는 기회가 된다.

❶ '모르는 척 공주' 제목으로 다양한 '~척' 이야기 나누기

★ _____ 척 공주 (아는 척 공주, 아닌 척 공주, 안 먹은 척 공주, 못 본 척 공주 등).

❷ 표지보고 이야기 나누기

"무엇을 모르는 척했을까?"

❸ 질문으로 내용과 그림 읽기

"공주는 왜 배가 고프지도 않은데 음식을 남기지 않고 다 먹었을까?"

"부모님이 울고 있는 공주를 데리러 왔을 때 공주의 마음은 어떠했을까?"

"왕과 왕비가 싸운 이유는 공주 때문일까?"

"너도 친구와 싸웠던 적 있어?"

"공주는 왜 힘든 마음을 솔직하게 표현했을까?"

❹ '네 마음을 말해봐!' 감정표현 놀이

"모르는 척 공주처럼 너도 모르는 척했을 때 어떤 마음이었어?"

★ 예쁜 스티커에 다양한 마음을 써서 모르는 척 공주에게 붙여본다 (책 표지 활용).

★ 아이 감정에 맞게 엄마의 마음을 담은 위로도 써서 붙인다.

★ 엄마 아빠에게 바라는 점에 대해 이야기를 나눈다.

부모님의 빈자리가 있는 아이, 마음 채우기

아이들도 슬퍼할 권리가 있다.
마음속 빈자리는 슬픔을 제대로 느낄 때 채워진다.

부모님의 빈자리 채우기

아빠,

그런데 왜 나를 두고 떠나셨어요?

…

아빠,

보고 싶어요.

아빠,

어디 있어요?

아빠,

무서워요.

나는

아빠가 필요해요.

《아빠나무》에는 아빠를 하늘나라로 떠나보내고 혼자 남겨진 아이의 마음이 잘 나타나 있다. 아이는 아빠의 죽음에 원망도 하고 자책도 하지만 아빠와 함께 심은 나무 덕분에 빈자리를 잘 채워간다. 아이는 아빠나무 곁에서 그리움을 마음에 품는 법을 배운다.

  일반적으로 혼자 남겨진 아이들은 자기도 모르는 사이 부모의 빈자리를 슬픔과 상처로 채운다. 침울한 감정과 혼란스러운 이별이 주변 대상들과도 단절됐다는 느낌을 주기 때문이다.

  《부모와 아이 사이》의 저자 하임 기너트는 이럴 때 아이가 건강하게 이겨낼 수 있도록 돕는 것이 중요하다고 했다. 《아빠나무》의 주인공인 소녀처럼 충분히 슬픔을 느껴야 스스로 건강하게 회복하는 것처럼, 아이가 상황을 외면하지 않도록 이별을 준비하는 기회를 주라고 말한다. 이러한 과정에서 부모의 빈자리는 따뜻함으로 채워진다.

슬퍼할 권리

아이에게도 슬퍼할 권리가 있다. 슬픔을 느낄 충분한 시간을 가진 아이가 자신만의 회복방법을 찾아 건강하게 성장한다. 하지만 아이는 눈앞에 보이는 대상의 '있다, 없다' 존재여부를 더 크게 받아들이기 때문에 부모가 없다는 불안과 슬픔에서 쉽게 빠져나오기 힘들다. 이럴 때 제대로 극복할 수 있도록 살짝 방향만 바꿔주면 된다.

할머니는 내 곁으로 오더니
가만히 내 손을 잡아 내 가슴 위에 올려주며 말했다.
"여기, 쏙 들어간 데 있지? 엄마는 바로 여기에 있어.
엄마는 절대로 여길 떠나지 않아."

샤를로트 문드리크의 그림책 《무릎 딱지》에서 할머니가 손자에게 했던 말이다. 아이가 엄마의 죽음을 온전히 혼자 감당해내고 있을 때 할머니는 '엄마는 가슴속에 늘 함께 있다'는 사실을 알려준다. 엄마가 하늘나라에 갔어도 없어지는 것이 아니라 언제나 같이 있다는 할머니의 말에 아이는 자기만의 회복방법을 찾는다.

처음 아이는 엄마가 죽으면 없어지는 거라 생각했다. 그 사실이 아이를 더 불안하고 무섭게 만든다. 아이는 엄마냄새가 사라지는 것이 싫어 더운 날씨에 창문을 꼭꼭 잠그고, 엄마의 목소리를 기억해내기 위해 무릎 딱지를 일부러 떼어낸다. 스스로 자신을 괴롭히는 것이다. 하지만 아이는 할머니가 설명해준 엄마의 죽음 이야기로 깨닫는다. 엄마의 빈자리를 두렵고 아픈 마음이 아니라 그리움으로 따뜻하게 채우면 된다는 것을 알았다.

부모를 잃은 슬픔은 가슴에 꽁꽁 숨기고 외면하는 것이 아니라 마음에 고이 담는 것이다. 아이가 자신의 슬픔을 찬찬히 살필 때 부모의 빈자리는 따뜻한 그리움으로 채워진다.

부모의 빈자리를 따뜻한 그리움으로 채워주는 책

《한밤중 달빛 식당》
이분희 글, 윤태규 그림, 비룡소

《한밤중 달빛 식당》은 아이의 힘든 마음뿐 아니라 '남겨진 부모에게도 아픔이 있구나'를 알려준다. 부모와 아이가 서로의 슬픔에 공감하며 함께 잘 회복할 수 있는 작품이다.

"'아빠에게도 아내를 잃은 슬픔이 커서 어쩔 수 없었구나!'를 깨닫게 되었어요."

이 작품을 읽었던 초등 5학년 창현이의 한줄 느낌이다. 처음에는 주인공 연우의 우울한 마음을 보면서 "아이가 슬퍼할 때 아빠는 왜 아이를 돌보지 않을까?"하고 아빠를 원망했다. 그런데 책을 읽다 보니 아빠도 연우처럼 힘들게 하루를 버티고 있다는 걸 알게 되었다는 창현이의 소감이다.

아이들은 혼자 남겨진 외로운 연우를 보면 마치 자기 일처럼 슬퍼한다. 연우는 엄마가 죽었다는 기억을 지워버리고 싶을 만큼 힘들다. 아빠는 늦은 밤에나 술에 취해 들어오기 때문에 연우는 늘 썰렁한 집에 홀로 있는 시간이 더 많다. 추운 날 슬리퍼만 신고 거리를 배회하는 연우의 외로움과 혼란스러움은 이 책을 읽는 아이들을 살짝 화나게 한다. "아빠는 어디 있는 거야?" "연우를 왜 가만 내버려두는 거야?"라는 원망 섞인 의문을 표출한다.

그런데 아이들은 책장을 넘길 때마다 어른인 연우의 아빠도 사랑하는 사람을 떠나보낸 아픔과 상처로 똑같이 괴로워한다는 것을 알게 된다. 남겨진 고통은 아이도 어른도 모두에게 힘들다는 것을 느낀다.

"아빠도 그동안 네 엄마 없이 산다는 게 무서웠어. 그래서 늘 숨고 싶었어. 내가 진짜 겁쟁이야."

이 책은 애써 아이의 아픔을 꺼내 대화하고 풀어주려 하지 않는다. 함께 읽는 것만으로 이미 서로를 이해하고 공감하는 위로가 된다. 또한 엄마를 잃고, 아내를 잃은 아픔이 숨기고 회피하고 싶을 만큼 고통이지만 결국은 인정하고 받아들여야 하는 사실임을 보여준다. 그리고 아픔은 혼자가 아니라 서로에게 관심을 기울이며 함께 이겨내야 한다는 것도 일러준다.

"나쁜 기억을 돌려받고 싶어요."
"나쁜 기억을 돌려받으면 또 다시 슬퍼질 거예요. 후회하지 않겠어요?"

주인공 연우는 힘들어서 나쁜 기억을 달빛식당에 팔아버렸다. 그런데 아내를 떠나보낸 어떤 아저씨를 본 뒤 연우는 깨닫는다. 지우고 싶은 나쁜 기억도 소중한 추억이란 것을. 그래서 연우는 다시 슬퍼질 것을 알면서도 엄마가 죽던 마지막 순간의 기억을 돌려받는다.

"연우야, 엄마가 널 얼마나 사랑하는지 알지?"
"언제나 네 곁에 엄마가 있다는 걸 기억해."

나쁜 기억을 잊는다고 해서 행복해지지 않는다. 소중한 사람을 잃은 슬픈 기억은 지워야 할 시련이 아니라 소중하게 간직해야 할 기억이다. 연우와 아빠가 마음과 마음으로 함께 담아가야 할 추억인 것이다.

연우랑 아빠가 마지막 장면에서 손잡고 나란히 걷는 것처럼 서로가 서로의 마음에 손을 내밀어 대화할 때 상처받은 마음에 새살이 돋아난다. 둘의 구멍 난 마음은 따뜻함으로 차곡차곡 채워질 것이다.

■ 《한밤중 달빛 식당》 질문대화 독서법

이 책을 통해 아프고 슬픈 감정에 마주할 수 있도록 감정은 모두 소중하다는 것을 일러주자. 슬픈 감정이 오히려 나를 더 성장시키는 위로와 위안임을 알게 된다.

❶ 한밤중 달빛 식당 상담소 놀이

★ 지우고 싶은 '나쁜 기억'을 서로 이야기한다.

　"지우고 싶은 나쁜 기억이 있어?"

　"왜 그 기억을 지우고 싶어?"

★ 이유를 듣고 나면 공감해준다.

❷ 표지 보며 느낌 이야기하기

　"표지를 보았을 때 어떤 느낌이 들어?"

　"왜 제목이 '한밤중 달빛 식당'일까?"

❸ 마음에 드는 문장 또는 그림을 고르며 읽기

　"어떤 부분(장면)이 마음에 들어?"

　"왜 이 부분을 골랐어?"

❹ 질문하며 내용 깊이 읽기

"연우는 왜 기억을 지우고 싶었을까?"

"나쁜 기억을 지우면 해결이 될까?"

"연우는 왜 기억을 다시 찾으려고 했을까?"

"만약 나라면 다시 슬픈 기억을 먹을까?"

"아빠와 연우는 서로에게 어떻게 힘이 될 수 있을까?"

❺ '나쁜 기억' 긍정적으로 바꾸기

★ 나쁜 기억은 <u>산책</u> 이다.

"왜냐하면 산책하는 것처럼 마음을 편안하게 해주는 과정이기 때문이다."

부모와 자녀의 교감이
아이의 평생자산이 된다

어린 시절 어머니와 함께한 시간이 있었기에,
자긍심을 가지고 훗날 성공할 수 있었다. _프로이트

아이의 평생자산인
부모와의 교감

정신분석의 창시자인 프로이트는 어린 시절 어머니와 함께한 시간이 있었기에 자긍심을 가지고 훗날 성공할 수 있었다. 그의 어머니는 가끔 아버지가 질투를 느낄 정도로 아들을 사랑했다. 엄격한 성격의 아버지 슬하에서 프로이트가 야단을 듣거나 속상한 일이 있을 때 엄마는 언제나 아들의 마음을 공감하고 격려했다. 훗날 그는 자신이 성공한 이유가 어린 시절 어머니의 변함없는 애정 덕분이라고 말한다.

유대인은 임신을 하면 태담에서부터 아이와 교감을 시작한다. 아이가 태어나면 책을 읽어줄 때뿐 아니라 식탁에서도 자녀와의 대화를 중요하게 생각한다. 부모는 아이의 고민과 생각을 들어주며 언제나 아이 마음을 지지하고 격려한다.

유대인의 식탁을 '천국의 식탁'이라 부르는 이유도 아이를 향한 공감과 존중이 넘치기 때문이다. 자녀와 나누는 공감대화가 아이의 든든한 자긍심을 만들고, 서로의 교감이 아이의 성공을 부르는 평생자산이 된다.

⭐ 마음을 나누는 부모

"저의 잔소리에 눈물만 흘리다 학교에 갔는데… 딸에게 너무 미안해요."

송미경의 《돌 씹어 먹는 아이》 동화에 수록된 〈혀를 사 왔지〉를 읽은 수빈이 엄마의 속상함이다. 아침밥을 차렸을 때 수빈이가 느릿느릿 식탁에 왔다. 엄마는 수빈이의 모습에 화를 잔뜩 냈고, 수빈이는 대꾸 한번 없이 눈물만 뚝뚝 흘리다가 학교에 갔다. 수빈이 엄마는 〈혀를 사 왔지〉를 읽고 왜 수빈이가 요즘 말을 잃어가는지 알 것 같다고 했다.

〈혀를 사 왔지〉의 주인공 도시원은 스스로 '혀'가 없다고 말한다. 도시원은 자신의 진짜 속마음을 표현하는 방법을 잊었다. 친구들이 자신을 괴롭혀도, 엄마가 잔소리해도 그냥 듣고만 있는다. 그래서 엄마 눈에는 착한 아들로 보였지만 시원이의 마음은 곪을 대로 곪았다. 엄마도, 친구도 일방적으로 늘 자기 이야기만 한다. 시원이의 이야기를 들어주는 사람이 아무도 없다. 그래서 시원이는 시장에서 '혀'를 사왔다.

처음 수빈이 엄마는 '혀를 사 왔지'라는 제목에 조금 충격을 받았다. 어떻게 혀를 사올 수 있냐며 잔인하다고까지 했다. 하지만 책장을 넘길수록 힘 빠진 모습으로 눈물까지 흘렸다.

"제가 수빈이의 혀를 뽑은 거네요…."

'혀'가 잔인하다며 놀라던 수빈이 엄마는 자기 자신을 과격하게 표현했다. 그리고 수빈이에게 '혀'를 사줄 수 있다면 그러고 싶다고 했다.

엄마는 그래도 되는 줄 알았단다. 아이가 말을 안 들을 때, 아이가 학원을 빼먹을 때, 아이가 잘못된 행동을 할 때 당연히 혼내고 야단쳐야 한다고 생각했다. <u>폭풍 잔소리에 아이의 혀가 사라지고 있는 줄도 모르고 엄마 기준에서만 수빈이를 바라보았다며 후회했다.</u> 가끔 울기만 하는 수빈이가 너무 답답해서 "꿀 먹은 벙어리냐?"는 말까지 했다. 엄마의 이유 있는 야단이라 생각했는데, 수빈이의 이유 있는 울음이었다.

부모가 아이와 마음을 나누는 것은 어렵지 않다. 수빈이 엄마처럼 부모가 자신의 일방통행을 알아채기만 하면 된다. 아이는 항상 엄마를 기다리고 있다. 아이 마음속의 진짜 이야기는 엄마가 열린 마음으로 다가갈 때 비로소 시작된다.

우리의 아이도 프로이트가 될 수 있다. 자긍심이 빛나는 아이의 자산은 부모가 나눠주는 마음에서부터 시작된다.

★ 자녀와 교감하고 마음을 나누는 책

《돌 씹어 먹는 아이》
송미경 글, 안경미 그림, 문학동네

《돌 씹어 먹는 아이》는 아이들의 내면에 감춰진 7가지 진짜 속마음을 짧은 동화로 나타낸 작품이다. '말하고 싶었지만 꾹 참아온 억눌린 마음' '가족들에게도 말하지 못한 비밀' '엄마를 그리워하는 아이의 외로운 마음' 등 혼자서 끙끙 앓는 아이의 내면세계를 너무나도 잘 보여준다. 작가는 어른들에게 소외받고 있는 아이들 각자의 고민을 독특한 모티브와 소재로 동화를 재미있게 그려 놓았다.

〈혀를 사 왔지〉〈지구는 동그랗고〉〈나를 데리러 온 고양이 부부〉〈아빠의 집으로〉〈돌 씹어 먹는 아이〉〈아무 말도 안 했어?〉〈종이 집에 종이 엄마가〉, 이 7편 중 어떤 이야기를 접해도 어른 아이 모두 마음을 터놓고 진짜 자기 이야기를 할 수 있다.

〈돌 씹어 먹는 아이〉 이야기는 화가 세르주 블로크의 그림이 더해져 예쁜 그림책으로도 출간됐다. 원작은 원작대로, 그림책은 그림책대로 서로에게 위로와 위안을 준다.

《돌 씹어 먹는 아이》 중 첫 번째 작품 〈혀를 사 왔지〉를 아이들과 읽었을 때다. "너희들은 시장에서 무엇을 사고 싶어?"라고 물었을 때 아이들은 저마다 원하는 것을 말했다. 투명인간이 되는 약, 공부 잘하는 비법, 안경을 안 써도 되는 시력 좋은 눈 등 아이들은 자신에게 필요한 것들을 사고 싶어 했다. 수빈이도 잠시 머뭇거리다가 이야기했다.

"저는 엄마의 웃는 얼굴을 사고 싶어요!"

작품 속 주인공 도시원은 엄마와 친구에게 참고 있던 이야기를 하기 위해 '혀'를 사오는데, 수빈이는 반대로 엄마에게 바라는 것을 사고 싶어 했다. 엄마의 잔소리가 듣기 싫어 귀를 팔까도 생각해봤지만, 진짜 자기가 원하는 것은 엄마가 다정하게 말해주는 것이라고 했다.

〈혀를 사 왔지〉의 도시원은 '무엇이든 시장'에서 혀를 사온다. 시장을 다녀온 후에, 시원이는 엄마의 설교와 훈계에 따박따박 자기가 하고 싶은 말을 하고, 자신을 괴롭히던 친구에게도 날카롭게 속마음을 표출한다. 수빈이도 이 책의 시원이처럼 억눌린 감정이 많다. 하지만 수빈이는 '혀'가 아니라 '엄마의 웃는 얼굴'이 필요했다.

둘 모두 가슴속 깊은 곳에 말하지 못한 상처가 가득이다. 부모님의 일방적인 사랑이 아이의 마음을 짓누르고 차단하고 있다.

어쩌면 우리 아이도 시원이와 수빈이를 닮아 있을지 모른다. 시원이와 수빈이 엄마처럼 아이의 목소리를 가끔 내가 훔치고 있을 수도 있다. 목소리뿐 아니라 눈, 귀, 입, 코까지 막고 있다면 어떨까? 만약 '무엇이든 시장'이 진짜 있다면 우리 아이는 무엇을 사고 싶을까?

수빈이 엄마는 이 책에 등장하는 시원이 엄마를 통해 자신의 모습을 보았다. 그리고 시원이가 왜 '혀'를 사고 싶은지 비로소 이해했다. 그리고 수빈이가 '엄마의 웃는 얼굴'을 기다리고 있는 것도 알았다. 수빈이 엄마는 이제 수빈이를 만날 일만 남았다. 수빈이 엄마가 진짜 수빈이를 만나러 가는 것처럼 우리도 내 아이의 진짜 마음을 만나러 가보자.

〈혀를 사 왔지〉 질문대화 독서법

자녀와 부모의 마음이 오고가는 공감 대화를 위해서 읽기 연습부터 해보자. 주거니 받거니 상대의 말에 귀기울이며 읽는 낭독이 아이 마음을 여는 시작이다.

❶ '시장에 가면' 놀이하기
- ★ 시장에서 살 수 있는 물건 이름을 말한다.
- ★ 순서를 정해 차례대로 하나씩 말한다.
- ★ 단, 나의 차례가 되면 앞서 언급됐던 물건 이름을 모두 나열한 다음 내가 사고 싶은 것을 말한다.
- ★ 잘 기억하는 사람이 이기는 게임이다.

❷ 함께 읽고, 뒷이야기 상상하기
- ★ 한 문장씩 번갈아가며 '시장에서 혀를 사서 삼키는 장면'까지 읽는다.
- ★ 뒷이야기를 상상해본다.
  "이 다음은 어떤 일이 일어날지 상상해서 말해볼까?"

❸ 질문하며 내용을 깊이 이해하기
  "아이는 혀가 왜 없다고 생각했을까?"
  "시원이는 혀를 사고 어떤 기분이었을까?"
  "왜 혀를 다시 팔았을까?"
  "만약 너라면 '무엇이든 시장'에서 무엇을 사왔을까?"

❹ '무엇이든 시장 상담소' 놀이
- ★ 가족에게 없는 것(살 것), 가족에게 있는 것(팔 것)을 하나씩 적는다.
- ★ 해당하는 사람에게 살 것, 팔 것을 건넨다.
- ★ 서로 이유를 말한다.

매일 20분 그림책 읽기로
부모도 행복할 수 있다

'내가 아이를 잘 키우고 있는 걸까?' 두려운 마음이 들 때,
책은 "당신은 참 괜찮은 부모입니다!"라고 말해준다.

당신은
이미 잘해왔고,
잘하고 있고,
잘할 거예요!

내가 아이를
잘 키우고 있는 걸까?

'아이를 잘 키우고 있을까'라는 걱정이 될 때는
이미 잘하고 있다는 생각을 먼저 하자.

'아이를 잘 키우고 있는 걸까?'
흔들릴 때 읽으면 좋아요!

"혹시 저한테도 완벽한 부모님을 찾아 주실 수 있나요?"
"완벽한 부모라고? 하하! 참 엉뚱한 생각이구나!"

미카엘 에스코피에 그림책 《완벽한 아이 팔아요》에 나오는 구절
이다. 이 그림책 속의 뒤프레 부부는 완벽한 아이를 사고 싶어 대
형마트에 간다. 뒤프레 부부는 타고난 천재, 음악 특기생, 운동 챔
피언 등 다양한 아이들 중에서 완벽한 아이 바티스트와 한 가족이

《완벽한 아이 팔아요》
미카엘 에스코피에 글, 마티외 모데 그림,
박선주 옮김, 길벗스쿨

된다. 바티스트는 단 것을 싫어하고 밥투정도 하지 않고, 일찍 잠자리에 들고, 얌전하게 놀고, 공부도 잘한다. 뒤프레 부부는 무엇이든 혼자 알아서 척척 해내는 바티스트의 완벽함에 만족해한다.

하지만 완벽함은 바티스트뿐, 바티스트의 부모님은 매사에 실수투성이다. 냉장고가 텅텅 비어 바티스트를 굶기고, 학교에 데리러 가는 것도 깜빡 잊어버리고, 책을 읽어주다가 부모님이 먼저 잠들어버린다.

바티스트는 이런 부모님을 항상 이해하다가 딱 한 번 화를 낸다. 부모님은 화를 내는 아이 모습에 깜짝 놀라 바티스트가 고장 났다고 생각하고 마트 고객센터에 아이를 수리 맡긴다. 바로 그때 바티스트가 직원에게 묻는다. "혹시 저한테도 완벽한 부모님을 찾아 주실 수 있나요?"라고.

이 작품이 우리에게 시사하는 바는 무엇일까?《완벽한 아이 팔아요》는 완벽한 부모, 완벽한 아이가 아니라 조금 부족해도 그 자체로 멋지다는 것을 알려주는 작품이다. 뒤프레 부부를 따라 시선이동을 하다 보면 어느새 우리는 그 안에서 나의 모습을 발견하게 된다.

좋은 아이로 키우기 위해 노력해왔던 '나' '조금만 더, 조금만 더'를 강요받으며 커가고 있는 내 아이. 우리 스스로 완벽한 프레임을 정해놓고 아이에게 요구하고 있을지도 모른다.

⭐ 완벽한 부모,
🌈 완벽한 아이는 없다

완벽한 아이, 완벽한 부모가 세상에 있을까? 완벽한 부모는 '엉뚱한 생각'이라는 마트 직원의 대답처럼 완벽한 사람이란 없다. 그냥 우리 엄마 아빠니까, 우리 딸과 아들이니까 그 자체로 이미 충분하다.

그 누구도 완벽하지 않기 때문에 우리는 상대의 빈자리를 채워줄 수 있다. 서로에게 무언가 의미 있는 존재가 될 수 있다. 김춘수 시인의 〈꽃〉이라는 시처럼, 서로가 서로의 이름을 부를 때 '너는 나에게' '나는 너에게' 의미 있는 무엇이 되는 것이다. 부모와 아이 사이도 마찬가지다.

아이를 잘 키우고 싶고 잘 가르치고 싶은 당연한 바람이 어쩌면 부모를 더 조급하게 만들 수도 있다. 이러한 부모의 조급함은 '이미 나는 아이를 위한 멋진 부모!'라는 사실을 자꾸만 잊게 한다. 아이가 바르게 자라도록 부모로서 잘 가르쳐야 한다는 사실이 '내가 아이를 잘 키우고 있는 걸까?' '이대로 괜찮을까?'라는 불안과 걱정을 만든다.

아이를 키우는 동안 힘든 순간은 오기 마련이다. 부모라고 완벽할 수는 없다. 실수를 하며 울고 싶거나 아픈 순간은 언제든 온다. 그럴 때는 자신을 너무 괴롭히지 말고 한 걸음 물러나서 잠깐 쉼표를 찍는 게 필요하다. '잘 키우고 싶다'는 것보다 '잘하고 있다'는 생각을 먼저 떠올려보자.

나는
잘해왔고
잘하고 있고
잘할 거야!

이 말을 마음속 한켠에 늘 담아두자. 처음 아이를 출산할 때, '건강하게만 태어나라. 그러면 더 바랄 것이 없겠다'라고 기원했던 순간을 기억하는가? 우리는 모두 존재 자체만으로 기쁨인 아이와 부모다. 그냥 이대로 '나'이면 된다.

만약 오늘도 아이와 티격태격 종일 힘든 하루였다면 이 그림책을 꺼내보자. 이 책을 읽으며 답답하고 힘든 마음이 눈 녹듯 녹으며 나에게도, 아이에게도 지금 그대로 훌륭하다는 믿음으로 채워질 것이다.

《완벽한 아이 팔아요》 질문대화 독서법

- 부모님들끼리 독서토론을 추천하고 싶다. 자녀가 없는 자리에서 맘껏 공감하고 반성하며 힐링할 수 있는 계기가 된다.
- 아이와 함께 읽을 때는 그동안 부모로서 아이에게 강요한 것은 없었는지 생각해보자. 만약 강요한 게 있었다면 아이의 속상함을 풀어주면서 읽어보자.

❶ 질문하며 그림과 내용 읽기

"왜 부모님은 완벽한 아이를 샀을까?"

"왜 부모님은 완벽하지 않을까?"

"만약 내(아이)가 바티스트라면 어떤 기분이었을까?"

"꼭 완벽해야 할까?"

"왜 수리하지 않고 바티스트를 다시 집으로 데리고 갔을까?"

❷ '완벽함이란 무엇일까?' 정의 내리기

초4 : 완벽함이란? _실수_ 이다.

"왜냐하면 _실수를 해야 못하는 사람의 마음을 이해할 수 있기_ 때문이다."

초1 : 완벽함이란? _사랑_ 이다.

"왜냐하면 _엄마와 내가 사랑하는 것은 절대 변하지 않기_ 때문이다."

힘든 육아, 부모에게도
위로와 격려가 필요하다

엄마는 그래도 된다고, 그렇게 해야 한다고 하지만
엄마도 엄마이기 이전에 '나'라는 이름이 있다.

힘든 육아, 위로받고 싶을 때
읽으면 좋아요!

《엄마의 초상화》
유지연 글, 이야기꽃

밥하고 빨래하고 청소하고 아이들 키우고….
집안일이 전부인 것 같은 엄마.

《엄마의 초상화》는 가족을 위한 희생과 헌신이 당연하다고 여기는 엄마에 대해 다시금 생각하게 한다. 이 책은 '엄마의 가슴 속에 감춰진 진짜 모습은 무엇일까?' '엄마라는 역할에 짓눌려 오랫동안 잊고 지내던 '나'를 돌아보게 만든다.

《엄마의 초상화》에 등장하는 엄마 미영씨는 2개의 초상화를 가지고 있다. 아이가 그려준 엄마 얼굴, 길거리 화가가 그려준 미영씨 얼굴. 한 사람의 초상화지만 2개의 초상화는 완벽히 다른 모습이다. 세월의 고단함에 지친 무표정한 엄마의 얼굴과 세련된 의상에 활짝 웃고 있는 얼굴은 전혀 다른 사람이다.

이 책 속의 그림에는 익숙한 엄마의 모습과 엄마의 진짜 이름인 미영씨가 동시에 등장한다. 립스틱으로 갈라진 틈을 메우기 급급했던 엄마의 입술과 미영씨의 열정적인 빨간 입술, 세월의 흔적을 감추려고 꼬불꼬불 파마를 한 엄마의 머리와 멋진 모자가 씌워진 미영씨의 머리, 엄마의 바짝 마른 손과 보석이 반짝거리는 미영씨의 손.

《엄마의 초상화》는 엄마가 단지 '엄마'이기만 한 것이 아니라 내면에 또 다른 자아가 있음을 감동적으로 보여준다. 비록 엄마라는 이름에 하루하루 충실하느라 자신을 잊고 살아왔지만, 엄마는 2개의 초상화를 동시에 가질 때 더욱 행복하다. 엄마도 있고, 미영씨도 있고.

육아에 지칠 때, 엄마도 위로와 위안이 필요해요!

엄마는 그래도 된다고, 그렇게 해야 한다고 하지만, 엄마도 엄마이기 전에 나만의 이름이 있다. 엄마도 '나'로서 행복해질 권리가 있다.

"혼자만의 시간은 꿈도 꿀 수 없고 하루가 전쟁이에요."

하은이 엄마는 아이 셋과 아픈 부모님을 모시느라 몸이 10개라도 부족하다. 평일에는 쌍둥이의 유치원, 큰아들의 학교, 학원으로, 주말에는 시댁과 친정을 오가며 늘 바쁘다. '나'를 위해 잠시 쉴 수 있는 틈이 없다. "이래서는 안 되는데…" 하면서도 여유를 가지기가 힘들다.

우리는 내 앞에 있는 역할에만 집중하려는 경향이 있다. 지금 나에게 주어진 상황, 즉 나는 엄마니까, 딸이니까, 며느리니까 그 역할에 최선을 다해야 할 것 같다. 고도원의 책《당신이 희망입니다》에는 다음과 같은 이야기가 나온다.

무려 다섯 시간이나 쉬지 않고 끙끙대며 톱질을 하는 남자에게 누군가 묻는다.

"이봐요? 잠깐 톱질을 멈추고 톱날을 갈면 더 쉬울 텐데…

왜 톱날을 갈지 않죠?"

남자가 대답하기를 "참내, 지금 그럴 여유가 어디 있소? 톱질하기도 바빠 죽겠는데…."

'여유'의 사전적 의미는 느긋하고 차분하게 생각하거나 행동하는 마음의 상태, 또는 너그럽게 일을 처리하는 마음의 상태다. 지금 내 앞에 있는 역할에만 집중하면 오히려 진짜 중요한 것을 잃을 수도 있다. 잠시만 하던 일을 멈추고 한 걸음 물러나보면 어떨까? 그러면 《엄마의 초상화》에 나오는 미영씨처럼 '나'를 위한 행복도 찾을 수 있다.

《엄마의 초상화》 질문대화 독서법

- 이 책을 읽는 동안 '나만의 힐링 포인트'를 생각해보자.
- 아이와 함께 읽을 때는 엄마도 엄마이기 전에 멋진 '나'라는 것을 알려주고, 엄마라는 존재에 대해 공감받고 존중받으며 읽어보자.

❶ '엄마와 나의 이해' 빙고게임 하기
★ 9칸 빙고를 그린다.
★ 엄마가 좋아하는 것, 아이가 좋아하는 것으로 각자 반반씩 빈칸을 채운다.
★ 순서를 정해서 하나씩 번갈아가며 외친다.
★ 3줄 빙고를 먼저 완성하면 이긴다.

❷ 질문으로 그림과 내용 읽기
"왜 두 장의 초상화 모습이 다를까?"
"엄마는 왜 꾸미지 않았을까?"
"우리 엄마는 어떤 것을 가장 하고 싶어 할까?"
"우리 엄마가 좋아하는 립스틱 색깔은?"
"나는 우리 엄마를 위해 무엇을 할 수 있을까?"

❸ 아이가 생각하는 엄마, 엄마가 생각하는 엄마의 모습 이야기하기
"어떤 얼굴을 그리면 좋을까?"

❹ 엄마가 존중받을 수 있는 시간 가지기
"엄마가 혼자 방에 있을 때는 혼자만 있게 도와줄 수 있어?"
"일요일은 엄마가 해주는 요리 대신 간편하게 먹어도 될까?"

아이 나이가 한 살이면
부모 나이도 한 살이다

엄마는 아이와 함께 자라는 부모일 뿐이다.
엄마라고 해서 완벽할 필요는 없다.

서툴러도 나는 엄마,
힘내고 싶을 때 읽으면 좋아요!

《동갑내기 울 엄마》
임사라 글, 박현주 그림, 나무생각

아이 나이만큼 엄마도 자란다는 말이 있다. 엄마는 완벽한 사람이 아니라 아이와 함께 자라는 부모일 뿐이다. 나는 올해 엄마 나이로 몇 살일까?

《동갑내기 울 엄마》는 '엄마'라는 이름에 힘을 주는 감동적인 그림책이다. 엄마는 특별히 힘도 세고, 무엇이든 척척 해결하고 못하는 것이 없는 든든한 사람이다. 하지만 이런 엄마도 할머니에게만은 아직 야단을 맞는 철부지 아이일 뿐이다. '완벽하다'고 생각했던 엄마도 할머니에게는 마냥 걱정되는 아이일 뿐이다. 꼭 내 아이 나이만큼 자란 서툰 엄마다.

할머니가 가느다란 소리로 부르셨어요.
"은비야, 은비는 일곱 살이지?"
"네에."
"네 엄마도 은비 엄마가 된 지 일곱 살이란다.
'엄마 나이'로 겨우 일곱 살이니 모르는 것도 많고,
힘든 일도 많을 거야…."

엄마는 은비가 태어나자마자 '엄마'가 되었다. 아직도 늦잠꾸러기이고 겁쟁이에 울보인데, 은비로 인해 '엄마'라는 이름이 갑자기 생겼다. 아직 부족하고 미숙한 것도 많지만 갑자기 어른이 되어야 했다.

은비가 아장아장 커가는 것처럼 엄마도 비틀비틀 제 모습을 찾아갈 시간이 필요한데, 엄마는 곧장 어른이어야 한다. 하지만 엄마는 한 살 두 살 은비 나이만큼 자라고 있는 은비와 동갑내기다. 둘은 함께 커가는 친구다.

"괜찮아, 나도 엄마는 처음이야"

완벽할 필요도, 특별할 필요도 없이 서툰 존재만으로도 아름다운 부모다. 내 아이니까 못난 부분이 있어도, 잘난 부분이 있어도 감싸주고 기뻐하는 것처럼 나도 자라고 있는 부모니까 똑같이 인정하고 토닥여주면 된다.

대단한 부모가 아니라 그저 아이를 사랑하는 내 마음을 소중히 여기면 된다. 아이가 그 존재만으로 부모에게 너무나 소중한 것처럼 엄마인 '나'도 그렇다. 그저 지금 있는 그대로의 모습으로 괜찮고 괜찮고 괜찮다.

아이들에게 "엄마가 왜 좋아?"라고 물어본 적이 있는가? 특별히 엄마가 무언가 잘해줘서가 아니라 그냥 내 엄마라서 좋다고 대답한다. 우리의 어린 시절처럼 내 아이도 똑같다. 완벽하지 않더라도 그냥 엄마니까 든든하고 좋다. 아이는 엄마를 그 자체로 기쁘게 생각한다.

할머니에게는 할머니의 엄마가 그랬고, '나'에게는 우리 엄마가 그랬고, 아이에게는 내가 그런 존재다. '엄마'라는 이름을 가진 것만으로 우리는 이미 훌륭하다. 어떤 순간에도 잊지 말자. 나는 괜찮은 엄마다.

《동갑내기 울 엄마》 질문대화 독서법

- 부족한 점이 있더라도 그 모습 그대로 '나는 괜찮은 엄마'라는 생각으로 이 책을 읽어보자.
- 아이와 함께 이 책을 읽을 때는 엄마도 '할머니의 아이'라는 것을 알려주자. 아이와 엄마의 공통분모가 생긴다.

❶ 제목으로 이야기 나누기

"책 제목인 '동갑내기 울 엄마'가 무슨 뜻일까?"

❷ 궁금한 내용 질문하기

"엄마도 엄마가 보고 싶을까?"

"할머니는 엄마 없이 어떻게 살았을까?"

"할머니는 엄마를 두고 하늘나라에 가시는 기분이 어떨까?"

"은비는 왜 엄마의 엄마가 돼주었을까?"

"엄마는 나에게 어떤 존재일까?"

❸ '엄마'에 대해 정의 내리기

★ 나에게 엄마란?

엄마 아빠의 행복, '나'를 찾고 싶을 때 읽으면 좋아요!

《메두사 엄마》는 어른들의 성장기를 다룬 작품이다. '눈에 넣어도 아프지 않을 나의 아이를 위한 진짜 모성은 무엇일까?'를 고민하게 하는 책이다.

그렇게, 이리제의 생활이 시작되었어요.
엄마인 메두사의 머리칼 속에서요.

《메두사 엄마》
키티 크라우더 글, 김영미 옮김, 논장

메두사 엄마는 이리제가 태어나는 순간부터 딸의 일거수일투족을 이끌어준다. 글을 읽을 때도, 놀이를 할 때도 항상 함께해야 마음이 놓인다. 메두사에게 이리제는 세상 무엇보다 소중한 존재다. 메두사는 말한다. 이리제는 영롱한 진주이고 자신은 진주를 지키는 조가비 껍데기라고.

메두사 엄마는 이리제를 세상으로부터 보호하기 위해 자신의 머리카락 속에서 키운다. 메두사 엄마의 머리카락이 바로 엄마의 치마폭이 된 셈이다.

메두사 엄마는 부모인 우리의 모습과 닮아 있다. '헬리콥터 맘' '잔디깎기 맘'이라는 말처럼 부모는 아이에게 모든 것을 내어줘야 한다고 생각한다. 아이가 아플 때, 공부할 때, 친구와 문제가 있을 때도 해결사가 되어주고 싶다.

사랑하는 만큼 품안에서 더 잘 보호해주고 싶다. 하지만 이리제가 이런 엄마 품을 벗어나고 싶은 것처럼 언제까지 아이를 우리의 품안에서만 기를 수는 없다. 전문가들이 완벽한 부모 아래 자란 아이가 오히려 결핍을 느낀다고 말하듯, 우리의 과한 사랑이 어쩌면 아이의 행복을 가로막는 것일 수도 있다.

부모의 행복은 진정한 독립에서 시작된다

아이의 행복도, 부모의 행복도 서로에게 전제되어 있는 것이 아니다. 스펜서 존슨은 아이와 부모 모두 행복해지는 방법을 제시하면서 부모는 아이를 키우는 과정을 스스로 즐기며 독립할 때 행복하다고 말했다. 그리고 부모의 책임은 아이에게 모든 것을 다 해주는 것이 아니라 아이들이 스스로 삶에 대처하며 살아갈 수 있도록 돕는 것이라 한다. 부모가 품안의 빗장을 푸는 용기와 믿음이 아이도, 나도 행복해지는 방법이다.

부모님들과《메두사 엄마》를 읽었을 때, 많은 부모님들이 울컥했던 장면이 있다. 긴 머리카락이 이리제의 영원한 보호막일 것 같았는데, 이리제가 학교 가던 날 메두사 엄마는 머리카락을 짧게 자른다. 아이를 떠나보내지 못할 것 같던 엄마가 스스로 아이의 보호막을 잘라버린다. 엄마는 이리제를 위한 진짜 용기를 낸다. 모든 것을 다 해주는 지나친 모성이 아니라 이리제를 믿는 '내려놓기'의 용기를 낸다.

《사랑의 기술》에서 에리히 프롬은 "만일 내가 한 사람을 사랑한다면, 나는 모든 사람을 사랑하고 나의 삶도 사랑할 수 있게 된다"고 했다. 내가 누군가에게 '나는 당신을 사랑해'라고 말한다면 '나는 당신을 통해 모든 사람을 사랑할 수 있고, 나 자신도 사랑하게 되었다'고 말하는 것과 같다. 에리히 프롬은 한 사람에 대한 진정한 사랑을 통해서 나 자신을 진정으로 사랑하게 된다는 것을 강조한다.

부모가 아이를 사랑하는 것은 아이만 사랑하는 것이 아니라 아이를 통해 부모인 나 자신을 사랑하는 법도 함께 배운다는 뜻이다. 이 책의 메두사 엄마처럼 아이는 엄마를 통해 자라지만 엄마 또한 아이 덕분에 진정한 사랑과 행복도 알아간다.

아이를 통해 나를 더 사랑한다면 이 자체가 아이도, 나도 모두 행복해지는 길이다. 아이들은 부모로부터 세상에 왔지만 부모의 것이 아니듯, 부모 또한 아이들 것만은 아니다. 모두를 위해 '나' 자신에게 즐길 수 있는 현재를 선물해보자. 아이와 부모의 더 큰 행복을 위해!

《메두사 엄마》 질문대화 독서법

- 오롯이 나에게 선물이 되는 현재를 생각하며 이 책을 읽어보자.
- 아이와 함께 이 책을 읽을 때는 '서로의 시간을 존중하는 방법'에 대해 이야기해보자.

❶ '왜~까?'로 표지 그림 읽기

"왜 머리카락 사이에 사람이 있을까?"

"왜 머리카락이 길까?"

❷ 면지에 대해 간략한 이야기 나누기

"왜 해파리가 많을까?"

"프랑스어 메두사는 해파리라는 뜻도 있단다."

❸ 궁금한 내용 질문하기

"메두사 엄마는 왜 머리카락으로 자신을 가리고 있을까?"

"왜 메두사 엄마는 이리제를 머리카락 속에서만 키우려 했을까?"

"이리제는 친구들의 노는 모습을 볼 때 어떤 생각을 했을까?"

"메두사 엄마는 왜 머리카락을 잘랐을까?"

"이리제는 엄마의 짧은 머리카락을 보면서 어떤 생각을 했을까?"

"아이도 나도 행복해질 수 있는 방법은 무엇일까?"

❹ 책 속 엄마와 아이에게 미덕 선물하기

★ 127쪽의 '미덕' 중에서 찾고 이유를 말해본다.

❺ 서로 '존중받고 싶은 것'에 대한 이야기하기

아이 : "가끔 라면을 먹게 해주세요."

엄마 : "밤 9시 이후는 혼자만의 시간을 가지도록 도와줘."